재테크
루틴의 기적

무작정 투자부터 하실 건가요?

재테크
루틴의 기적

미스페니 지음

📖 동양북스

먹고는 사는데……
이대로 괜찮을까?

"잘 지냈어?"

친구나 지인을 만나면 그들이 으레 던지는 안부 인사다. 그럴 때 당신은 어떻게 대답하는가?

환한 미소를 지으며 "응, 잘 지내. 요즘 사는 게 참 재밌어!"라고 하는가? 아니면 어디서부터 어떻게 대답해야 할지 몰라 멋쩍게 웃으며 얼버무리는가?

사실, 정말 뭔가를 캐낼 생각으로 '잘 지냈어?'라고 묻는 사람은 잘 없다. 대화를 자연스럽게 풀기 위한 부담

없는 질문 정도로 여긴다. 어찌 보면 참 가볍고 상투적이다. 그런데도 대답해야 하는 상황에 놓인다면, '잘 지냈어?'라는 질문의 무게가 절대로 가볍지 않다. 별 뜻 없는 질문임을 알기에 대개 무던한 대답을 골라서 하지만, 집으로 돌아가는 길에서는 여러 가지 복잡한 생각이 들기 때문이다. 심지어 '정말 내가 잘 지내고 있기는 하나?'라는 생각도 든다.

나를 둘러싼 객관적 상황을 짚어 보면, 사실 나는 꽤 잘 지낸다. 그런데도 "잘 지냈어?"라는 질문에 "잘 지내"라고 명쾌하게 대답할 수 없는 이유는 대체 뭘까? 분명 과거보다 내 처지는 나아졌고, 과거에 꿈꾸었던 일상을 살아가고 있는데 말이다. 심지어 매우 별 탈 없이!

사실 이런 기분이 드는 것은 지극히 자연스러운 시간의 섭리다. 처음 회사에 입사했을 때를 떠올려 보라. 미래가 희망과 기대로 가득했을 것이다. 이제 월급이라는 안정적 수단이 생겼으니 만사가 다 괜찮아지리라는 마법의 주문이 내 안에 아로새겨진다.

그런데 지금 당신은 어떤가?

영원히 머물 것 같았던 마법의 주문은 여전히 당신 안에 유효한가?

지극히 애석하지만 그렇지 않을 것이다. 과거 힘겹게 생존을 쟁취해 낸 대단한 당신이지만, 더 이상 현실이 기쁘지 않다. 마법의 주문도 기한이 지나 버린 셈이다.

시간을 감내하며 경력을 쌓다 보면 저절로 해결되리라 여겼지만, 그렇지 않다. 장밋빛 미래는 당연히 주어지는 포상이 아니었다. 그저 후한 건 시간의 흐름뿐이다. 일주일, 한 달이 무섭도록 빠르게 지나고, 내가 진정으로 원하는 삶이 무엇인지 고민할 시간도 없이 그날 하루 주어진 일을 쳐 내는 데만 급급하기 일쑤다.

'이렇게 정신없이 지내다가 올 한 해도 금세 끝나 버리겠지?'

'이대로 내 인생은 괜찮나?'

찬 바람이 불면 어김없이 드는 생각에 마음이 시시각각 불안하다. 그리고 그때가 바로 내가 미래의 나에게 은근슬쩍 미뤄 둔 과제와 마주할 타이밍이다.

이제 생각을 한 번 전환해 보자.

어떻게 해야 익숙해질 대로 익숙해져 뻔하게만 느껴지는 앞날을 다시 설레게 바꿀 수 있을까? 내일을 책임져 줄 '다음 스텝'은 대체 무엇일까?

나는 그 스텝을 '재테크'라고 말하곤 한다. 물론 식상하다고 여길지도 모르겠다. 그런데도 나는 재테크의 가치를 높이 산다. '다음 스텝'을 향한 우리의 열망을 보여 주기 때문이다.

재테크는 단순히 한강 뷰 아파트나 값비싼 외제 차를 소유할 재력을 쌓는다는 의미가 아니다.

내게 재테크란 내 인생이 현재 상태로 완전히 결정되지 않았다는 믿음, 더 즐겁고 의미 있는 내일을 기다릴 수 있다는 기대감, 행복한 하루를 보낼 수 있으리라는 희망이다.

사회에 존재하는 격차와 장벽을 무시하라거나, '무조건 하면 된다'라고 우길 마음은 전혀 없다. 그저 우리가 서 있는 현재 자리를 전부 부정하지 않으면서도, 기다릴 만한 다음이 있기를 바랄 뿐이다.

내일이 다가온다는 사실을 더 설레게 하는 방법이 재

재테크란 내 인생이 현재 상태로
완전히 결정되지 않았다는 믿음,
더 즐겁고 의미 있는 내일을
기다릴 수 있다는 기대감,
행복한 하루를 보낼 수 있으리라는
희망이다.

테크나 물질적 성공에만 국한되진 않는다. 하지만 지난 몇 년간 사람들과 만나 돈을 이야기하는 생활 경제 상담사로 일하며, 돈만큼 우리 삶에 직접적 영향력을 행사하는 도구는 없다는 사실을 나는 경험했다.

우리는 좋든 싫든 자본주의 사회에서 살아가고 있다. 따라서 아무리 비전이 뚜렷해도 바깥 경제 상황을 무시한 채 행동할 수 없다. 그리고 재테크란 나의 색을 지키면서 이 사회에서 잘 살아남는 방법을 모색하는 활동이다.

달팽이처럼 느릴지라도 한 걸음씩 돈을 공부하다 보면 사회를, 그리고 나를 새로운 시각으로 바라볼 수 있다. 그렇게 새로운 프리즘으로 상황을 비춰 보면, 우리는 단단하게 다음 발걸음을 내디딜 수 있다.

물론 하루아침에 다른 사람이 되기란 무척 어렵다. 아니, 가능하지도 않다. 나 또한 그렇다. 원체 겁이 많고, 에너지도 적다. 그래서 바짓단을 걷어붙인 채 조심스레 재테크에 한 발을 담그고 있다. 야수처럼 소리를 지르며 재테크의 바다에 풍덩 빠지는 선택은 하지 않았다.

내가 그랬기에 나는 이 책을 통해 아직 주저하며 바닷

가에 서 있는 이들에게 말하고 싶다. 한 번쯤 들어와 봐도 괜찮다고. 물이 그렇게 차지만은 않다고. 한 발, 한 발을 내딛다 보면 어느새 바다에 내 몸을 맡긴 채 자유롭게 수영하는 나를 발견할 수 있다고.

이 책에서 나는 재테크 기본기를 쌓을 수 있는 기초 루틴들을 소개하려 한다. 일반적 라이프 사이클에 맞추어 한 해에 한 번, 한 달에 한 번, 한 주와 하루에 한 번씩 실천할 수 있는 간단한 루틴이다. 그래서 누구나 따라 할 수 있다. 멋진 내일을 위해 온 힘을 쏟아붓고, 겁 없이 달려드는 것도 방법이다. 하지만 각자 상황이 다르기에 누구나 그럴 수는 없다. 당장 일어나 달릴 수 없다고, 급하게 뛰다가 넘어졌다고 멈추거나 주저앉지 말자. 훌훌 털고 자리에서 일어나 가볍게 걷는 것만으로 충분하다.

적어도 돈 문제만큼은 강도보다 꾸준함이 더 필요하다. 인간과 돈은 평생 함께 살아가야 하는 가족 같은 존재다. 그러니 인내심을 갖고 재테크 여정에 뛰어들어야 한다.

살다 보면 의지가 용솟음치는 날도, 손 하나 까딱하고

싶지 않은 날도 있다. 나는 변덕이 심한 사람이라 누구보다도 그 심정을 잘 안다. 그래서 그런 날에도 실천할 수 있는 활동을 기준 삼아 루틴을 짰다. 당신에게 남은 과제는 그것을 자기 소유로 만들어 안고 가는 것이다.

내일이 더 기다려지는 기대감과 희망은 나이를 먹거나 시간이 지난다고 저절로 생기지 않는다. 아무것도 심지 않은 황무지에서 풍성한 가을을 기대할 수는 없기 때문이다. 오늘 자기 힘으로 풀 한 포기라도, 씨앗 한 알이라도 심은 농부만이 수확을 꿈꾸며 가을을 기다릴 수 있다.

아주 작은 행동일지라도, 지금 이 순간 다음을 준비해야 내일이 두렵지 않다. 이 책에 소개한 루틴들을 따라 하다 보면 내일이 무섭지만은 않아지고 다음 스텝을 내디딜 힘과 용기가 내게도 있다는 사실에 뿌듯해질 것이다.

미스페니

• 7장 • 경제적 자유에 한 걸음 가까이

• 1장 •

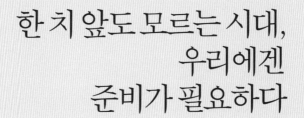

한 치 앞도 모르는 시대,
우리에겐
준비가 필요하다

변하지 않는 것은 아무것도 없다

처음 코로나 바이러스 관련 뉴스를 접했을 때 나는 어느 식당에서 점심을 먹고 있었다. 내 앞으로 나온 따뜻한 콩나물국밥을 한 술 크게 뜨며, 식당에 걸린 TV를 무심히 보며 말이다. 그리고 그때만 해도, '신종 플루나 메르스처럼 또 새로운 바이러스가 나왔구나' 하고 대수롭지 않게 여겼다. 정확히 어디에서 나온 어떤 바이러스인지 관심조차 없었다. 그저 '나랑은 별 상관없겠지', '신종 바이러스라니 좀 무섭네' 하고 안일하게 생각했다.

그로부터 한 달 후, 국내에도 코로나 바이러스가 퍼졌다. 그러나 그때도 나는 나를 둘러싼 환경이 어떻게 달라졌는지, 어떤 식으로 달라질지 전혀 알지 못했다. 친구들은 마스크를 확보하겠다고 바쁘게 움직였지만, 나는 느긋했다.

'계속 마스크를 쓰고 다녀야 한다니 말이 돼? 금방 괜찮아지겠지.'

그런 생각으로 나를 다독이며 믿고 싶지 않은 현실을 부정하기만 했다. 하지만 마스크와 함께하는 일상은 금세 새로운 현실이 되었다. 결국, 무심히 국밥을 먹던 그날부터 모든 것이 달라졌다는 사실을 나는 인정할 수밖에 없었다. 이 글을 쓰고 있는 오늘도 가까운 친구가 코로나에 걸렸다는 소식을 들었다. 나 역시 검사를 받고 나왔다. 평생 예상하지도, 상상하지도 않았던 일들이 매일매일 벌어지고 있다.

이처럼 예상치 못한 사건이나, 일반적 상식과는 반대되는 존재를 '블랙 스완'이라 부른다. 그런데 좀 이상하지 않은가? '백조(白鳥)'라는 단어에 이미 '하얗다(白)'

라는 뜻이 들었는데, 거기에 '검은'이라는 말을 붙이다니 말이다. 사실, 과거에 블랙 스완은 일종의 유니콘 같은 상상 속 동물이었다. 실제로 존재하지 않는 무엇인가를 뜻하는 은유적 표현인 셈이다. 흰 백조만을 봐 온 사람들에게는 당연한 일이었다. 그런데 17세기, 오스트레일리아에서 검은색 백조, 흑조(黑鳥, 흑고니)가 발견되었다. 다들 충격이 컸지만, '흑조도 있을 수 있다'라는 사실을 사람들은 받아들일 수밖에 없었다. 그 이후, 개연성은 낮지만, 발생할 때 큰 충격을 몰고 오는 사건을 블랙 스완이라 부르게 되었다.

이처럼 우리는 예기치 못한 변수의 가능성을 늘 염두에 두어야 한다. 그러나 우리 주변엔 가능성이 적은 상황을 염두에 두지 않는 예가 의외로 흔하다. 눈앞에 예상치 못한 위기 상황이 닥쳐도 그 때문에 불안해지는 내 상태가 싫어 그 변화를 부정해 버리곤 한다. '이건 뭔가 잘못된 거야. 금방 다시 원래 상태로 돌아가니 너무 신경 쓸 필요 없어'라고 생각하면서.

나 또한 그랬다. 코로나 바이러스가 창궐하리라는 조

짐이 명백했음에도, 나는 가능한 한 오랫동안 이 상황을 부정하고 싶었다. 팬데믹이라는 끔찍한 상황을 감히 현실로 구체화하기 두려웠다.

우리는 미룰 수 있는 한, 눈을 감고 귀를 막으며 닥쳐온 변화를 부정하고 싶어 한다. 그 변화를 수용하기 어려울 때 특히 그 변화가 그다지 달갑지 않을 때는 더더욱 상황을 인정하기 어렵다. 변화를 인정하면 준비해야 하고, 준비하기 위해서는 무거운 엉덩이를 떼고 움직여야 하기 때문이다.

하지만 전 세계가 함께 코로나 바이러스를 경험한 지금, 우리는 모두 안다. 변화는 불가피하다는 것을, 그리고 앞으로도 계속 새로운 변화들이 다가오리라는 사실을. 이를 외면하지 않고 받아들여야 한다는 각성 또한 동시에 이루어졌다.

매년 새해가 되면 서점마다 트렌드 분석 서적이 매대를 휩쓴다. 키오스크가 설치된 음식점과 카페는 갈수록 늘어난다. 그러니 나만은 그 변화에서 피해 갈 수 있으리라고 생각해서는 안 된다. 이는 그야말로 오만이다.

경제학자 나심 니컬러스 탈레브는 블랙 스완 이론을 통해 2008년 금융 위기를 예견했다. 그는 이후 저서 『안티프래질』에서 미래 세상에서는 단단한 기반을 구축하기보다 유연하게 변화에 적응하는 기술이 더 중요하다고 강조했다. 어차피 이 세상에는 계속해서 예측할 수 없는 변화가 발생하며, 우리는 그 변화를 예측할 수도, 대비할 수도 없기 때문이다.

변화를 수용하기란 매우 고통스럽다. 하지만 '변하지 않는 것은 아무것도 없다'라는 사실을 우리는 반드시 받아들여야 한다. 아니, 끊임없이 변화하며 역동하는 것이 이 삶의 본질임을 인정할 수 있어야 한다. 그래야 기존의 익숙하고 편안한 생활을 과감히 내려놓고, 변화를 맞이하는 데 필요한 행동을 적시에 시작할 수 있다.

내년의 나는
무얼 하고 있을까?

변화는 늘 생겨난다. 조심하고 주의해도 피할 수 없는 변화도 많다. 그중 우리를 가장 떨게 하는 변화는 무엇일까?

아마도 내가 현재 하는 일을 계속할 수 없을지도 모른다는 막막함이 아닐까? 사업을 하든, 직장에 다니든, 프리랜서로 일하든, 사정은 모두 마찬가지다. 겉으로는 잘 정착한 것처럼 보이는 친구들도 또다시 다음을 준비해야 할 듯한 조바심에 시달린다.

내 아버지는 고등학교를 졸업하자마자 바로 은행에

입사했다. 그리고 내내 그 은행에 다니며 야간으로 대학에 다니고, 결혼하고, 나를 키웠다. 30년이 넘게 근속했기에 아버지가 ○○은행 은행원이라는 사실은 너무나 당연했다. 아버지가 은퇴한 지 이미 10년도 넘은 지금에도 나는 '은행원'이라는 정체성을 떼어 놓은 내 아버지의 모습을 상상할 수 없다. 아마 아버지를 아는 다른 사람도 마찬가지일 것이다.

직업으로 제 정체성을 규정하기 힘든 현세대와 참 다른 모습이다. 나도, 내 친구들도 그렇다. 30년 이상 같은 회사에 근무하기는커녕 내년에도 이 직무에서 일하고 있을지 감히 확신할 수 없다. 그 이유는 다음과 같다.

첫째, 내년에도 이 일이 시장에서 통할지 모른다.

둘째, 내가 내년에도 그 일을 원할지 알 수 없다.

원하는 일이 무엇이든 내가 도전할 수 있다는 믿음, 거기에는 분명 긍정적 측면이 있다. 그러나 신은 자유라는 달콤함에 만성적 불안을 깔아 둔 채 우리에게 이 믿음을 선물했다. 어떤 업무를 진행할 때를 떠올려 보라. 그 과정에서 장애물을 만날 때마다 이런 질문을 나에게 한 번쯤은 해 보지 않았나?

'정말 이 일이 내 일이 맞는 건가?'

'이게 정말 내 천직일까?'

물론, 한 가지 일을 꾸준히 하고 싶다는 기대 자체가 시대에 뒤떨어진 촌스러운 생각일지도 모른다. 『100세 인생』의 저자이자 미래학자인 린다 그래튼은 인간 수명이 길어지고, 변화 속도가 빨라지는 미래에는 '일'이라는 개념을 파악하는 관점 역시 바뀌어야 한다고 했다. 예전처럼 교육받고, 한 가지 일로 수십 년 동안 먹고사는 시대는 지났기 때문이다. 또한 인간 수명이 길어질수록 한 가지 직업으로 일하다가 전혀 다른 직종에서 일하는 변화와 이를 위한 재교육이 불가피하다고 주장한다. 세상이 필요로 하는 일자리는 계속해서 달라지기 때문이다. 개개인이 그 변화에 유연하게 적응해야 살아남을 수 있다.

절로 고개를 끄덕이게 하는 참으로 타당한 지적이다. 그런데도 석연치 않은 마음을 감출 길이 없는 이유가 있다.

재테크 루틴의 기적

'과연 이 일을 하다가 갑자기 다른 일에 적응할 수 있을까?' 하는 점이다. 인스타그램과 유튜브에도 아직 적응이 안 됐는데 또 새로운 유형의 SNS가 등장하고, 그런 뉴스를 접할 때마다 당황스러움이 몰려온다.

'SNS도 겨우 쓰는데 코딩을 배워야 한다고?'

'메타버스는 또 뭔데?'

변화를 만날 때마다 설렘보다는 두려움이 앞선다.

직업 안정성이 낮아질수록, 변화와 맞닥뜨릴 때 나를 받쳐 줄 돈이 중요해진다. 어차피 한 가지 일을 계속할 수 없다면, 그래서 계속 새로운 일에 도전하고 적응해야 한다면, 다음 단계를 준비할 자원이 필요하기 때문이다. 진로 고민은 이제 학생들의 전유물이 아니다. 우리는 이미 성인이라 부모님께 계속 뒷바라지를 바라서도 안 된다. 온전히 나 자신이 나의 부모가 되어 다음 단계로 나아가기 위한 나의 도전을 응원해야 한다.

린다 그래튼은 늘어난 수명은 늘어난 선택과 변화이며, 선택과 변화가 많아질수록 처음에 우리가 어디서 시작했는지는 의미가 없다고 이야기한다. 계속해서 변화하는 시대에 정체성은 갖고 태어나는 신분이 아니라 공들여 만들어 나가는 작품이라고 말이다.

현재 내 모습이 완성이 아닌 과정일 뿐이라는 관점이라니! 현생이 피곤할수록 듣기 싫은 말이 아닐 수 없다. 지금 닥친 문제도 해결하기 버거운데, 또 다음을 생각할 여유까지 챙기라고?

하지만 발상을 전환해 보자. 이는 지금 모든 것을 해결할 필요가 없다는 뜻이기도 하다. 새로운 시대에서 우리 인생은 완벽하게 구상된 프로토타입을 놓고 그것을 따라가는 기술 수업이 아니다. 주어진 진흙과 도구로 무엇인가를 만들어 보는 창작 시간에 더 가깝다.

예술의 장점은 찌그러진 모퉁이도 아름다움으로 승화할 수 있다는 것이다. 무엇이든 될 수 있는 우리의 마지막 모습은 우리가 기획했던 처음보다 훨씬 흥미로울지도 모른다.

끊임없이 팔려야 하는 슬픔

대학교에 다닐 때 나는 한 회사의 인사부에서 인턴으로 일했다. 그곳에 지원하고, 일하는 동안 가장 많이 떠올렸던 단어는 '인적 자원'이다. 인사부라는 곳 자체가 회사의 '인적 자원'을 효율적이면서 효과적으로 관리하기 위한 곳이기 때문이다.

그때 나는 인사부에서 하는 일에는 어떤 의미가 있는지 끊임없이 생각하곤 했다. 혹자는 그냥 일만 하면 되지, 뭐 그런 생각을 하느냐고 할지도 모르겠다. 아마도 내가 의미와 가치를 중시한다는 밀레니얼 세대에 속해 있어 그런 의문을 품은 게 아닐까 싶다. 어쨌든 인사부의 업무 목적은 회사 인적 자원을 잘 관리하기 위함이었고, 나는 그 '인적 자원'이라는 단어가 왠지 조금 씁쓸하다고 생각했다.

사실 인적 자원이라는 단어에는 아무런 문제가 없다. 회사를 정상적으로 운영하려면 가장 중요한 노동력을 잘 관리해야 함이 당연하다. 그러나 사람이 하나의 자원으로 계산되는 '인적 자원'이란 표현이 어린 내게는 너무 차갑게 느껴졌다. 인적 자원이란 표현은 인간을 살아 숨 쉬는 생명체가 아니라 쉼 없이 움직이는 기계의 톱니바퀴쯤으로 취급하는 말 같았다.

나는 인적 자원이 되기 싫었다. 그리고 인적 자원을 관리하기도 싫었다. 진심으로 인적 자원으로 전락하지 않는 삶을 살고 싶다고 생각했다. 그래서 택한 게 프리랜서의 삶이었다. 내가 자원 취급을 받지 않으려면 회사에 다니지 않으면 된다고, 그러면 톱니바퀴가 아닌 생명으로 살 수 있으리라 믿었다. 그러나 회사 밖 노동자로, 프리랜서로 일하면서 깨달은 것은 어차피 회사 밖에서도 노동자는 '인적 자원'이라는 사실이다. 회사 안에 있느냐, 밖에 있느냐의 차이일 뿐이지 노동자는 노동자였다. 경영자에게 노동자는 최소 비용으로 최대 성과를 낼 수 있는지에 따라 그 가치가 결정되는 자원일 수밖에 없었다.

더 어이없는 사실이 있다. 나도 일을 하며 무심코 깨달았는데, 인적 자원으로 쓰이기를 간절히 원하는 이는 다름 아닌 바로 나였다.

누군가가 나를 발견해 주고, 믿어 주고, 새로운 일을 제안해 주면 참 기쁘다. 내가 그들에게 도움이 된다고, 그 대가로 돈을 지급할 만큼 가치 있다고 인정해 주면 즐겁다. 결국, 일을 해서 먹고사는 노동자는 그가 어디에 있든 끊임없이 '팔리기'를 욕망하는 셈이다. 사람들이 내 쓸모를 인정해 주기를, 그래서 내게 더 비싼 값을 쳐 주기를 희망한다. 그리고 그것이 통했을 때 기뻐한다.

그래서 '내년에는 이 일을 할 수 있을까?', '이 일이 아니라면 무슨 일을 하면 좋을까?' 하고 고민하는 현대인은 일에서 오는 기쁨과 슬픔을 피할 수 없다. 나의 쓸모를 인정받을 때는 기쁘지만, 그 쓸모를 인정받아야만 생존할 수 있다는 사실에 다시 슬퍼진다. 쓸모가 없는 나는 사회에서 받아들여질 수 없을까 봐, 쓸모가 없어진 나를 세상이 더는 필요로 하지 않을까 봐 고민하게 된다.

고용 상황이 불안정하고 불확실성이 높아지는 시대일수록 자본 소득을 갈망하는 현상은 자연스럽게 생겨난다. 평생 일해도 집 한 채 사기 어려운 세상에서 일의 가치는 쉽게 우스워지고, 한 살 한 살 나이를 먹어 갈수록 나의 쓸모에 확신을 품기도 어렵기 때문이다. 그 탓에 사이드 프로젝트에 도전하고, 투자를 감행하며 N개의 파이프라인을 꿈꾼다. 너무 무리하지 않아도 먹고살 수 있기를, 제대로 일할 수 없을 때 역시 존엄하게 살 수 있기를 우리는 절실하게 바란다.

기술이 계속 진보하다 보면, 언젠가 인간의 노동력 자체가 쓰이지 않는 날이 올 수도 있다. 그러나 나는 일 없는 세상이 유토피아라고 생각하지 않는다. 인간은 아무런 목적도, 보람도, 긍지도 없이 마냥 편하게 살 수 있는 단순한 존재가 아니기 때문이다. 무릇, 인간은 누군가에

너무 무리하지 않아도 먹고 살 수 있기를,
제대로 일할 수 없을 때
역시 존엄하게 살 수 있기를
우리는 절실하게 바란다.

게 일을 통해 도움을 줄 수 있어서 다행이라 여기고, 나역시 매일 다른 이들의 노동에 기대어 산다. 인적 자원을잘 활용해 사업을 하고 책임을 지는 경영자 역시 자기만의 기쁨과 슬픔을 갖고 있다. 누군가를 고용하고, 고용되는 것이 문제가 아니라 그 과정에서 '얼마나 인간적 존중이 존재하는가'가 문제인 셈이다.

12시간 근무는 의지에서 비롯될 때는 열정이지만, 강요로 행해질 때는 착취가 된다. 카페에서 커피 한 잔을사든, 계약서를 쓰고 회사에 고용되든 우리는 끊임없이거래하며 살아간다. 내가 생산자이든, 소비자이든 각자의 어려움이 있음을 이해할 때 우리는 서로를 존중하며필요한 도움을 주고받을 수 있다.

시장은 살아 숨 쉬는 인간들로 구성된다. 그렇기에 경제적 판단과 함께 정치적, 도덕적 판단도 필요하다. 더 나은 조건으로 대우받기 위한 자기 계발은 필수이지만, 그과정에서 나와 타인을 존중할 수 있도록 노력해야 한다.

재테크 루틴의 기적

미치도록 안심하는 삶을 누리고 싶어

내가 경제 교육을 할 때 가장 먼저 하는 일이 있다. 바로 재무 목표를 세우는 것이다. 돈 관리를 하는 이유는 그 돈을 통해 이루고 싶은 무엇이 있기 때문이다. 그래서 수 강생분들에게 실습 시간을 우선 준다. 그리고 무엇을 위해 돈을 모으고자 하는지, 그 목표를 이루기 위해서는 얼마가 필요한지 산정해 보도록 한다. 그렇게 실습이 시작되면, 다양한 양상이 나타난다. 하고 싶은 것들을 열심히 나열하는 분이 있는가 하면 한두 분 정도는 꼭 무엇을 써야 할지 망설이다가 돈 자체를 목표로 세우곤 한다. 집이나 자동차, 여행이 목표가 아니라 오천만 원, 일억 원이라는 금액이 목표 자체인 것이다.

나는 그런 분들에게 질문을 하곤 한다.

"왜 이 돈을 갖고 싶으세요?"

그러면 "그냥 그 정도를 갖고 있으면 마음이 편할 것 같아서……"라는 대답이 돌아온다.

사실 처음에는 왜 이런 대답이 나오는지 이해가 되지 않았다. 너무 막연한 답변이라고 생각했기 때문이다. 돈이란 목적이 뚜렷한 곳으로 가게 되어 있다. 그래서 그런 대답을 들으면 '무엇을 위해 돈이 필요한지 모른다면, 돈을 왜 모으는 거지?'라는 의문이 들었다. 그러나 이제는 내 생각도 달라졌다. 심지어 시간이 갈수록 그 대답만큼 정확한 게 있을까 하는 생각이 든다. 특정 금액 그 자체가 우리에게 선물하는 안정감이 있음을 인정하게 되었기 때문이다.

우리는 돈에 의지한다. 가족에게, 일에, 취미에 의지하듯 돈에도 의지하는 것이다.

특히, 돈은 우리에게 지속 가능성을 선물한다. 그리고 미래 불확실성이 높아질수록 지속 가능성의 가치는 높아진다. 특별한 것을 새로이 하지 않더라도 내가 좋아하는 것들을, 일상을, 사람들을 내년에도 지킬 수 있을지가 가장 큰 걱정이기 때문이다.

그리고 자기 기준에서 거액을 모아 두었다는 사실은 그 자체만으로 마음의 평화를 제공한다.

평소 재테크 책을 섭렵하고, 돈 모으기에 일가견이 있는 한 친구가 있다. 그 친구는 앞선 내 생각과 비슷한 맥락에서 자기 불안을 '부모님의 임플란트 비용'으로 표현했다. 지금 돈을 열심히 모아야 나중에 부모님의 임플란트 비용을 댈 수 있을 듯하다는 것이다. 현재 부모님의 치아는 튼튼하지만, 언젠가 잘못되지 않으리란 보장이 없지 않은가? 이처럼 우리를 불안에 떨게 하는 미래 리스크란 참으로 막연하다. 그러나 동시에 미치도록 실제적이다. 하지만 통장에 찍혀 있는 숫자는 그 '임플란트 비용'의 발생 가능성이 우리를 괴롭힐 때마다 우리를 위로해 줄 것이다. '괜찮아, 너는 준비가 됐잖아?'라고 말이다.

돈은 우리에게 지속 가능성을 선물한다.
그리고 미래 불확실성이 높아질수록
지속 가능성의 가치는 높아진다.

나 역시 처음 브런치라는 플랫폼에 돈과 관련한 글을 쓰기 위해 사용했던 게시판 이름이 '자유를 위한 돈 관리'였다. 내가 바라는 삶을 포기하지 않으려면 돈을 알아야 한다고 생각했다. 그렇게 돈과 관련한 고민과 노력이 나를 자유로운 삶으로 이끌어 주리라 여겼다. 그런데 꾸준히 돈과 관련한 이슈를 쓰다 보니 그다음은 무엇인지가 문득 궁금해졌다.

'자유를 얻어서 뭘 할 건데?'

'자유를 통해 얻고 싶은 게 뭐야?'

이러한 질문을 내게 스스로 던졌을 때 도달한 결론은 '안심'이었다. 미치도록 안심하고, 안도하고 싶구나. 내가 원하는 것은 편안한 마음이구나.

그래서 우리는 지하철에서 주식 책을 읽고, 퇴근 후에 경제 유튜브를 본다. 이해가 가지 않는 뉴스 기사를 챙겨 보고, 누구 말이 맞는지 가늠하려 노력한다. 이를 통해 당장 부자가 되지 못한다는 것은 알고 있지만, 내년에는, 내후년에는 지금보다 더 안심할 수 있기를 간절히 바라기 때문이다.

결국 우리가 재테크를 통해 궁극적으로 얻고자 하는 것은 안심하는 삶이다. 화려한 라이프 스타일, 멋진 집과 차, 갖고 싶은 것을 마음껏 가지는 것도 물론 좋다. 그러나 당장 그것을 가지지 못한다고 해서 엄청나게 애통하거나 분하진 않다. 우리가 끝까지 포기할 수 없는 것은 '잘 살고 있어', '이 정도면 충분해'라고 안심할 수 있는 한 줌의 여유다.

경제 상담을 하다 보면, 단순히 현재의 경제 상황을 파악하고, 초점을 맞춰야 할 부분을 정리하는 것만으로도 마음의 평화를 얻는 분을 많이 접한다. 상담을 하는 과정에서 나에게서 한 걸음 뒤로 물러나 내가 해 온 것들을 천천히 바라보는 시간을 자연스럽게 갖게 되기 때문이다. 그리고 그 한 걸음의 거리는 지금까지 당연하게만 생각했던 자기 노력과 위치를 다시금 생각하게 하고, 인정할 여유를 가져온다.

아무리 높은 탑을 쌓고 또 쌓아도 그 노고를 스스로가 인정해 주지 않는 한, 우리는 어떠한 만족의 기쁨도 누릴 수 없다. 『초예측』이라는 책에서 세계적인 인류학자 유발

하라리는 행복을 얻는 우리 능력과 관련해 이렇게 말한다. '인류는 석기 시대의 인류보다 수천 배 이상의 힘을 얻었으나, 그만큼 행복해진 것 같지는 않다'라고 말이다. 그는 우리 인류가 힘을 얻는 데 뛰어난 소질을 가졌지만, 아직은 힘을 행복으로 전환할 줄 모른다고 지적한다.

재테크란 분명 어제보다 더 큰 힘을 가질 수 있도록 노력하는 일이다. 하지만 앞으로의 재테크는 이에서 한발 더 나아가 그 힘을 어떻게 행복으로, 안심으로 전환할 수 있을지 역시 고민해야 한다. 나는 단순히 많이 가진 자를 넘어, 스스로 많이 가졌음을 아는 자가 되고 싶다. 그리고 그 돈이 본래 목적을 넘어선 가치를 발휘하게 하고 싶다. 나와 사람들을 행복하게 해 주는 분별 있는 힘을 지닌 그 어떤 것으로 말이다.

• 2장 •

재테크 루틴이
만드는 변화

원하는 인생을 당장 산다

어느 강의를 들으러 갔을 때였다.

"지금 내가 보내는 하루하루에 만족하는 분은 손을 들어 보세요."

강사님은 문득 권유했고, 놀랍게도 청중 중에 손을 든 사람은 나 한 명뿐이었다. 그러나 더 놀라운 것은 의아한 표정을 짓는 강사님의 반응이었다. 아마도 아무도 손을 들지 않으리라 예상했던 듯하다.

"왜 만족스럽다고 느끼세요?"

강사님은 다시 내게 질문을 던졌다. 그런 그에게 나는 당연한 듯 대답했다.

"하고 싶은 거 하고, 사고 싶은 거 사고 있어서요."

지금 생각하면 무슨 정신이었나 싶다. 당시 강사님은 "집에 돈이 많은가 봐요"라고 웃으며 대화를 마무리했다.

당연히 나는 집에 돈이 많지도, 대단한 수입을 올리고 있지도 않았다. 당연히 하고 싶은 모든 것을 할 수 있지도, 사고 싶은 모든 것을 사지도 못했다. 다만 가끔 눈치 없이 구는 사람일 뿐이었다. 그러나 그 일이 있은 후로 나 자신을 다시 돌아보게 되었다.

'어째서 그때 그런 대답이 튀어나왔지? 대체 무슨 자신감으로?'

아마 그 이유는 지난 몇 년간 지속해 온 '재테크 루틴'으로 내가 가졌고 누리는 것들이 무엇인지 꽤 명확하게 알고 있었기 때문이었던 듯하다.

지금 당장 모든 것을 갖고 있진 못하더라도 필요한 것들, 그리고 욕망하는 것들을 하나하나 해 나가고 있다는 확신은 개인에게 꽤 큰 만족감을 안겨 준다. 상담을 받는 분들 역시 종종 "우리 집에 이렇게 돈이 많은 줄 몰랐어요", "못 쓰고 산다고 생각했는데 넉넉하게 쓰며 살았네요"라고 말하며 놀라워하곤 한다.

작지만 꾸준한 재테크 루틴을 통해 나는 내가 중시하는 것들을 최대한 지킬 수 있도록 일상을 구성해 왔다. 그리고 가질 수 없는 것만큼이나 가지고 있는 것 역시 많다는 사실을 주기적으로 확인하고 있다. 결국 경제적 자유는 내가 핵심적으로 원하는 것들을 포기하지 않는 것, 그리고 내가 그것을 누리고 있음을 인지하는 데서 시작된다.

사실 자기가 정말 원하는 것들은 대개 자기가 넘볼 수 있는 수준 안에 있다. 예를 들면, 머릿속으로는 최고급 에르메* 가방을 갖고 싶다고 생각한다. 그러나 실제로 그것을 갖지 못한다고 분통이 터지지는 않는다. 슬프게도 애초에 그 가방은 현재의 내가 넘볼 수 있는 수준 이상이며, 그 명징한 현실을 자기 자신이 가장 잘 알고 있기 때문이다.

하지만 몇 달간 눈앞에 어른거리는 모 국내 디자이너

의 가방을 사지 못했을 때라면 상황이 달라진다. 몇십만 원 정도의 가방이 전혀 부담이 안 되는 건 아니지만, 딱히 사지 못할 물건은 아니다. 그 때문에 그 가방을 못 산다고 생각하면 내 삶이 너무나 비참하고, 비통하다. 마음속에서부터 그것은 내가 넘볼 수 있는 물품이라는 사실을 알고 있기 때문이다.

결국 현재 나를 감정적으로 힘들게 하는 것은 내가 손을 뻗칠 수 있는 범위 안에 바라는 것이 있느냐 없느냐다. 그리고 그 사실을 이해해야 현실적으로 그것을 가지려는 계획을 수립할 수 있다.

재테크 루틴을 통해 내가 욕망하는 것들을 하나하나 이뤄 가는 재미를 느껴 보면 어떨까? 내게 중요한 것들을 정성스레 고르고 꿈꾸며, 마침내 갖고 마는 경험을 누려 보는 것이다. 그럴 때 우리는 힘든 하루를 잘 버텨 내야 하는 이유를 알게 된다.

나와 친구들은 항상 '로또에 당첨된다면? 갑자기 100억 원이 생긴다면?' 등등 실없는 질문을 자주 한다. 그리고 그러한 질문들은 생각보다 쓸 데가 있다. 100억 원이 생

시기와 질투, 동경과 부러움은
그 자체로 내가 원하는 것을
선명하게 보여 주는 지표가 된다.

긴다면 나는 어떤 하루를 보내고 있을지 상상해 보고, 그 하루를 10퍼센트만 가져온다고 가정할 수 있기 때문이다. 그러면 세세한 부분까지 따라 할 수는 없어도 본질적인 것들은 어떻게 흉내 낼 수 있을지 고민하게 된다. 결국 그 작은 고민이 내 일상을 바꾸고 만다.

멋진 차를 갖고 싶은 이유는 무엇일까? 단순히 좋은 차를 갖고 싶어서도 있지만, 위급한 상황이 생겼을 때 가족들을 돌보고 싶기 때문도 있다. 그러면 당장 값비싼 외제 차를 뽑지는 못하더라도, 중고차부터 시작해 원하는 모습에 가까워지는 것도 방법이다.

시기와 질투, 동경과 부러움은 그 자체로 내가 원하는 것을 선명하게 보여 주는 지표가 된다. 지금은 100억 원이 없으니 가질 수 없다는 흑백논리는 재미없다. 어차피 인생은 계속해서 문제를 발견하고 해결해 나가는 여정이다.

100억 원은 없지만, 어떻게 하면 내가 원하는 하루를 살 수 있을까?

그 방법을 찾으려 궁리하고 도전하는 것이 재테크에 임하는 바람직한 자세다.

> # 내가 내 돈의
> # 주인이 된다

경제 교육을 하러 가면 어떻게 하면 재테크를 잘할 수 있을지에 앞서 '재테크가 무엇인지 잘 모르겠다'라는 질문을 자주 받는다. 그도 그럴 것이 서점에만 가도 너무나 많은 재테크 책이 저마다의 빛깔을 뽐내고 있기 때문이다. 경매나 테마 주, NFT 같은 가지각색의 단어를 접하다 보면 과연 무엇이 진짜 의미 있는 것인지 도무지 알수가 없다. 자연히 어디서부터 어떻게 시작해야 할지 몰라 정신까지 혼미해진다.

이 시점에서 내가 당신에게 줄 수 있는 조언은 다음과 같다.

재테크란 기본적으로 '내 돈의 주인이 되는 것'이다.

내 돈의 주인은 당연히 나인데 그게 무슨 뚱딴지같은 이야기일까?

우리는 무언가를 소유하는 것만으로 주인이 된다고 생각하지만, 실상 그렇지 않다. 내가 무언가를 갖고 있어도, 관심을 기울이며 마땅한 책임을 다하지 않는다면, 그것이 자기 멋대로 움직여 버리기 때문이다.

내가 카페를 운영하는 사장이라고 가정해 보자. 그리고 카페 운영을 위해 아르바이트생을 한 명 고용했다. 그러나 내가 그를 고용했다고 해서 그가 알아서 청소하고, 음료를 만들고, 손님을 응대하지는 않는다. 가게 주인인 내가 그 사람에게 적절하게 지시를 내리고, 그가 제대로 따르고 있는지 확인해야 한다. 그리고 그에게 잘못이 있다면 적절하게 피드백을 해 주어야 한다. 그래야 그는 비로소 내가 희망한 대로 움직인다.

비단 사람만의 문제가 아니다. 카페라는 물리적 공간

역시 마찬가지다. 가게를 갖고 있다고 해서 내가 그곳의 주인일까? 그렇지 않다. 공간에 애정을 갖고 먼지가 쌓여 더러워진 곳을 쓸어 주어야 한다. 주기적으로 실내 온도가 적절한지 체크하고, 손님들이 음료를 맛있게 마시고 있는지 가늠해야 한다.

이러한 노력이 들어갈 때 그 공간은 비로소 본연의 목적을 이상 없이 수행한다. 세상에 비슷비슷한 카페가 넘쳐나지만, 어떤 카페는 계속 머물고 싶은 느낌이 들고, 어떤 카페는 얼른 떠나고 싶은 느낌이 드는 이유가 바로 그래서다. 후자 역시 분명 그 공간을 소유하는 주인이 있을 것이다. 하지만 그가 그 공간에 더는 마음을 쓰지 않는다면, 그곳은 주인 없는 카페처럼 쓸쓸히 변해 간다.

돈도 마찬가지다. 우리는 돈이 최고라며 돈을 좋아하지만, 막상 자기 돈에 깊이 관심을 가지며 주인의식을 행사하는 사람은 많지 않다. 내 돈이 어떻게 들어오고 있는지, 어디에 쓰이고 있으며 그 사용처는 내가 정말 바라던 곳인지, 잠시 쉬고 있는 돈은 어디에서 머무는 게 적절할지 고민하는 모든 과정이 재테크인데 말이다.

누구나 잠시라도 머물기 불편했던 어느 카페를 떠올릴 수 있다. 그곳의 주인은 요즘 이게 유행이라며 난데없이 네온사인을 걸어 놓거나, 너무 높거나 낮은 의자를 갖다 놓는다. 귀청이 떨어질 듯 시끄러운 음악을 틀어 놓거나, 반대로 지독한 적막함 속에 손님을 앉아 있게 한다. 그러한 카페에 있을 때 우리는 저절로 주위를 두리번거린다. '여기 주인은 뭐 하고 있는 거야?'라고 생각하면서.

내 돈에 주인의식을 갖는 것도 이와 마찬가지다. 내 돈에 주인의식을 행사하는 사람은 돈을 어떻게 벌고 쓰는 게 맞는지, 어디에 투자하는 게 적절할지 충분히 고민하고 행동한다. 그는 무작정 건물주가 최고라며 경매에 뛰어들거나, 코인이 대세라며 신종 코인 열차에 탑승하지 않는다. 아무리 좋은 것도 내 상황과 맥락에 맞을 때 이익이 됨을 자연스레 알고 있기 때문이다.

주기적으로 실천하는 루틴을 만드는 것은 재테크를 실천하는 최고의 방법이다. 좋은 주인은 작은 것들을 꾸준히 돌보는 사람이지, 가끔 와서 호들갑을 떨다가 사라지는 사람이 아니기 때문이다. 돈에 관심을 두고, 꾸준히

재테크 루틴의 기적

애정을 줄 때 돈도 나를 위해 움직인다.

당신은 돈의 좋은 주인인가?

소중한 돈을 엉뚱한 곳에 보내 버리고, 운이 좋기를 기대하고 있지는 않은가?

이미 내 손에서 떠난 돈은 끝이라며 외면하고 있지는 않은가?

돈을 소중하게 여기는 주인은 작은 돈이라고 무시하지 않고, 큰돈이라고 머리 위에 모시지 않는다.

바람직한 재테크 루틴은 돈과 좋은 관계를 맺는 것이다. 두고두고 돈과 좋은 친구가 되도록 지금부터 관점을 바꿔 보자.

주위 사람과
비교하지 말자

잘 사는 삶이란 무엇일까?

그것은 한 개인이 놓인 사회가 무엇을 가치 있게 평가하는가에 따라 달라진다. 유교 정신이 지배하던 조선 시대에는 충(忠)과 효(孝)를 행하는 도덕적 선비가 잘 사는 사람이었다. 독재와 싸웠던 민주화 시대에는 불합리에 맞서 민주주의 정의를 지키는 시민이 잘 사는 사람이라 평가받았다.

그렇다면 현대에는?

단연 돈이다.

아니 적어도 나에게는 돈이었다. 도덕적 옳고 그름에도, 시대적 과제에서도 자유로워진 현대인이 쉽게 소통할 수 있는 것은 돈밖에 없기 때문이었다. '올해는 얼마를 벌었고, 얼마를 모았다'라는 명징한 증거는 타인 앞에 섰을 때 나를 당당하게 한다. '잘 살고 있나?' 하는 의문이 들 때마다 '그래도 이렇게 벌고, 모으고 있어'라고 여기며 한숨 돌릴 수 있기 때문이다.

문제는 이렇게 명확하게 드러나는 돈의 특성 탓에 타인과 나를 비교하기가 너무 손쉬워졌다. 어떤 인간의 노동력은 다른 인간의 그것보다 비싸다. 그렇다면 그가 타인보다 더 잘 살고 있다는 뜻은 아닐까? 내 연봉과 자산이 또래의 그것보다 적다면 '내가 잘못 살고 있나?' 하는 의심이 들고, 마음은 쉽사리 조급해진다.

하버드대학교 교수이자 정치철학자인 마이클 샌델은 이러한 오늘날의 사회 문화를 능력주의라 비판한다. 우리는 스스로 자유로운 능력의 소유자이며, 노력만으로 성공도, 실패도 할 수 있다고 믿는 것이다. 이러한 믿음

속에서 성공한 사람은 '그럴 만해서' 성공했고, 실패한 사람은 '그럴 만해서' 실패했다. 결국, 승자는 자부심을 넘어선 오만을, 패자는 슬픔을 넘어선 굴욕감을 느낀다.

물론, '나 자신만 제대로 하면 성공할 수 있다'라는 희망은 삶을 살아가게 하는 중요한 동력이다. '열심히 하면 잘될 거야'라는 주문이 필요할 때도 있다. 하지만 희망을 품는 것과 무조건적 낙관은 다르다. 자신과 타인이 가진 조건은 분명히 다르다. 현실적으로 해결해야 할 어려움 또한 분명히 존재한다. 이 사실을 인정할 때 우리는 자신을 무조건 채근하지 않으면서 필요한 일들을 해낼 수 있다.

재테크에 뛰어든다는 것은 비교 평가의 장에 스스로 걸어가는 행위일지도 모른다. 빨갛고 파랗게 오르내리는 화살표 속에서 타인보다 앞섰다는 사실에 안도하고, 더 챙기지 못했다는 데 아쉬워하면서 말이다. 하지만 재테크 루틴을 통해 경제 기본기를 차곡차곡 쌓으면 그러한 기쁨과 슬픔에 빠지더라도 금세 제자리로 돌아올 수 있다.

어디서부터 어디까지가 자기 책임인지, 그리고 어디서부터는 어쩔 수 없는 부분인지부터 이해해야 한다. 그래야 중심을 잘 잡을 수 있다. 중심이 잘 잡힌 사람은 타인과 자기를 쉽게 비교하지 않는다. 이익과 손해로 나를 처벌하지도 않는다. 숫자에 잔뜩 위축된 어깨를 펴고 다음을 위한 숨을 고를 때 우리의 여정은 다시 시작된다.

한 사람의 삶은 느닷없이 시작되어 느닷없이 끝난다. 그래서 우리는 이 한정된 삶을 잘 살아가고 싶은 진심으로 가득하다. 하지만 '잘 살고 있는지' 궁금해질 때마다 단편적 소득과 자산으로 자기를 판단하지 말자. 이는 무척 위험하다. 그보다는 찬찬히 시간을 가지고 그 돈이 어디에서 어떻게 왔는지, 내 돈은 어떤 흐름 속에 있는지 살피자. 지금의 나를 점검하는 적절한 기준이 될 것이다.

> ## 나 자신을 믿는 게
> ## 답이다

경제 공부를 할 때마다 느끼는 재미있는 점이 있다. 같은 사안인데도 전문가마다 의견이 다르다는 사실이다. 누군가는 가격이 오를 수밖에 없다고, 또 다른 누군가는 내려갈 때가 되었다고 확신에 찬 목소리로 이야기한다. 다들 배울 만큼 배운, 성공한 사람들이다. 그리고 우리는 그 사실 때문에 고민에 사로잡힌다.

대체 누구 말을 믿어야 하지?

뉴스를 볼 때도 이 같은 현상은 이어진다. 오늘 기사에

재테크 루틴의 기적

는 분명 시장이 내림세로 접어든 것처럼, 세상이 다 끝난 듯한 분위기가 만연했다. 하지만 다음 날엔 새롭게 나타난 변수 하나로 새 세상이 시작된 것처럼 활기가 넘친다. 그렇게 왔다 갔다 하는 예측과 실재를 보고 있자면 '이게 다 무슨 소용이지?' 하는 회의감이 들기도 한다.

사실 같은 분야의 전문가들이라 할지라도 제각기 의견이 다른 것은 너무나 당연하다. 오늘 나온 기사는 오늘의 예측일 뿐이다. 내일이 되면 얼마든지 달라질 수 있다. 예전의 나는 그 진리를 인정하지 못했다. 많이 배우면 배울수록, 알면 알수록 경제라는 문제의 '정답'을 찾을 수 있으리라 생각했던 듯하다. 그러나 공부를 하면 할수록 점점 더 확실해지는 것이 있었다. 우리는 모두 경제라는 커다란 코끼리의 몸을 더듬는 장님이라는 사실 말이다!

이미 너무나 밀접하게 연관되어 한 몸이 된 세계 경제는 몸집이 산만 한 코끼리와 같다. 그래서 그 누구도 한눈에 그것을 파악할 수 없다. 이 코끼리의 정체가 무엇인지, 어디로 가고 있는지, 어떤 상태인지 말해 줄 수 있는 사람은 감히 없다.

그저 어떤 이는 다리에서, 어떤 이는 코에서 코끼리를 더듬으며 '아직 코끝까지는 거리가 있습니다', '다리는 이렇게 움직입니다' 등의 논평을 내놓을 뿐이다. 그래서 코를 더듬는 사람의 말만 들었다간, 혹은 다리를 만지는 사람의 말만 굳게 믿었다간 막다른 길에 부딪힌다. 결과적으로 어떤 행동을 할지는 제각기 다른 의견 사이에서 옥석을 가려야 하는 나 자신의 몫이다.

한 명의 믿을 만한 이를 정해 두고 그의 말만 따라갈 수 없다는 것은 실망스러운 소식이다. 하지만 그 실망스러움을 견디고 나면 의외로 의연해진 나를 발견할 수 있다. 결국, 수많은 말 가운데서 방향성을 잡아 밀고 나가는 동력은 나의 믿음과 생각이라는 사실을 알게 되기 때문이다.

너새니얼 브랜든은 대중에게 자존감이란 개념을 처음 소개한 심리학자다. 그는 저서 『자존감의 여섯 기둥』에서 자존감을 받치는 중요한 기둥 중 하나로 '자기 책임'을 꼽는다. 개인이 단단한 자존감을 갖기 위해서는 나라

재테크 루틴의 기적

는 존재를 다스리는 통제감을 느낄 수 있어야 하는데 통제감은 자기 생각과 행동에 책임을 질 때 생겨나기 때문이다. 책임을 회피할수록 자존감은 훼손된다. 내 문제를 해결해 줄 구원자는 없다는 사실을 스스로 인정해야만 상황이 개선된다.

하루하루, 묵묵히 실력을 쌓아 가는 재테크 루틴은 '내 배의 키는 내가 움직인다'라는 당연한 사실을 인정하고 받아들이는 것이다. 결국 바다의 물결과 풍랑에 따라 내가 취할 수 있는 행동을 가장 잘 아는 사람은 나 자신이다. 재테크 루틴을 통해 내 것인 줄 몰랐던 내 배의 키를 꽉 움켜쥐자. 그때 비로소 진짜 모험이 시작될 것이다.

• 3장 •

재테크 연간 루틴

한 해에 한 번,
라이프 디자인

한 해에 한 번은
실루엣을 잡아 보자

과거에 한 기관에서 일할 때 사수가 '보고서 잘 쓰는 법'을 알려 준 적이 있다. 일잘러(일 잘하는 사람)로 유명한 그의 비법은 바로 보고서 첫머리에 해당 보고서의 '목적'을 분명하게 적어 두는 것이었다. 글이라는 것은 쓰다 보면 산으로 가기가 쉽다. 그래서 첫머리에 분명히 목적을 명시해 두고 계속 이 목적에 부합하는 글을 쓰고 있는지 확인해 봐야 한다.

어떤 일을 시작하든 가장 중요한 것은 '왜 이 일을 하는가'다. 인생 처음으로 재테크를 해 보기로 마음먹은 당신이 가장 먼저 해야 하는 일 역시 '이 모든 노력이 무엇을 위함인지' 분명히 하는 것이다. 물론, 가장 첫 번째 이유는 '돈이 많아서 나쁠 일이 없다'는 것이다. 그러나 여기서 멈춰서는 안 된다. 첫 이유에 꼬리를 물어 생각해 보아야 한다. '돈이 많으면 왜 나쁠 일이 없는지, 돈이 많으면 무엇이 좋은지' 구체적으로 궁리해 보아야 한다.

나는 여러 사람에게 이 질문을 던져 보았다. 그러면서 사람들이 돈을 원하는 이유가 생각보다 다양하다는 사실을 알았다. 누군가는 어려운 집안에 보탬이 되기 위하여, 또 누군가는 어릴 때 못했던 것을 원 없이 하고 싶어서 돈을 원한다. 누군가는 사랑하는 반려 동물을 입양하기 위해, 또 누군가는 남들에게 무시당하지 않을 만큼의 지위를 확보하기 위해 돈이 있었으면 한다.

돈을 모으려는 이유가 무엇이든 꼭 해야 하는 일이 있다. 내가 바쁘고 힘든 이 와중에 굳이 왜 재테크를 하려고 하는지 한 해에 한 번은 떠올려 보는 일이다. 그래야 잠에 취해 비몽사몽 한 어느 월요일에도, 만사가 다 귀찮은 주말 밤에도 자신과 약속한 루틴들을 지킬 수 있다. 결국 끝까지 무언가를 그만두지 않는 사람은 '왜 내가 포기할 수 없는지' 나 자신을 잘 설득한 사람이다.

재미있게도 '재테크를 통해 무엇을 원하는가'는 그 사람이 '어떤 인생을 살고 싶은가'와 일맥상통한다. 그가 '어떤 인생을 행복한 인생으로 정의하는가'에 따라 재무 목표도 달라진다. 그래서 한 해에 한 번 내 인생의 모양을 잡아 보는 연간 루틴을 나는 '라이프 디자인'이라고 이름 붙였다.

당신은 어떤 삶을 살고 싶은가?

어떤 인생이 부럽고, 어떤 인생이 무의미한가?

인생의 모양을 결정하기란 생각보다 쉽지 않다. 내게 와닿는 행복이 어떤 모습을 띠고 있는지 상상하기란 많은 시간과 노력이 필요하기 때문이다. 하지만 너무 겁먹을 필요는 없다. 그저 큼직큼직하게 내가 꿈꾸는 인생의 실루엣을 잡아 보는 것으로 충분하다.

내가 행복하려면 어떤 가치들이 삶 속에 실현되어야 할까?

무엇을 얻고자 돈을 버는 것일까?

다음 단어 중 세 가지만 골라 보자.

예시

돈을 통해 얻고 싶은 세 가지 가치는?

종교

명예　　　　　　　　　　아름다움

봉사　　　　　　영성

자유　　　공동체　　　기여

풍요로움　　가족

여유

다양한 경험

일의 의미

독창성

전문성

성장　　　　모험　　도전

권력　　건강　　　　재미

효율성　　평화

품위

안정감　　　안전　　　성취감

지식　　　소속감

재테크 루틴의 기적

나는 한동안 '가족, 여유, 성장'이라는 세 가지 가치에 꽂혀서, 만나는 사람마다 붙잡고 같은 질문을 했다. 그리고 나와 공통점이 많은 친구나 지인들이 나와 사뭇 다른 단어들을 선택한다는 사실에 종종 놀라곤 했다.

우리는 모두 비슷한 모양으로 살고 있지만, 그 일을 하는 동기는 모두 달랐다.

'힘들어하면서도 대학원을 포기하지 않았던 건 명예와 전문성이 중요했기 때문이구나!'

'안전의 욕구가 너를 노력하게 하는구나.'

'너는 왜 그걸 골랐어?'

이렇게 묻고 답하며 우리는 서로를 깊이 이해할 수 있었다.

세상에 열심히 살지 않는 사람은 없다. 그러니 '자기가 원하는 방향으로 가고 있는가'를 파악하는 일이 열심히 사는 것보다 중요하다. 열심히 달려 엉뚱한 정상에 도달했다고 생각해 보자. 그것만큼 허탈한 상황이 어디 있겠는가!

바보라서 엉뚱한 정상에 오르는 것이 아니다. 처음에

는 분명 올바른 방향을 설정했으나, 열심히 달리다 보니 조금씩, 조금씩 틀어진 방향을 제대로 돌려놓지 못했기 때문이다. 엉뚱한 정상에 올라서서 울지 않으려면 주기적으로 자기가 맞는 길 위에 서 있는지 점검해야 한다. 연간 루틴을 통해 재테크 방향성을 설정해 보자.

해야 하는 일, 하고 싶은 일
재무 목표 구체화하기

돈을 통해 무엇을 얻고 싶은지 대략 생각해 보았다면, 이제부터는 그 가치들을 구체적 현실로 만들기 위해 내가 어떤 일들을 해야 하고, 또 하고 싶은지 적어 보아야 한다.

내가 재테크를 하고, 돈을 모으는 이유는 미래를 대비하기 위해서다.

나는 미래에 어떤 일들을 해야 하는가?

나는 또 어떤 일들을 하고 싶은가?

여기서 말하는 해야 하는 일은 특별히 즐겁거나 손쉬운 일은 아니지만, 살면서 중시하는 가치에 부합하며 의미도 있는 일을 가리킨다. 대표적으로 가족, 거주 환경, 일과 소득 창출, 부채 상환 등과 관련된 일이 해야 하는 일에 자주 속한다. '부모님의 칠순과 팔순 챙기기', '키우고 있는 반려동물의 의료비 준비', '내 집 마련' 등 앞으로 해야 하는 일들은 무엇이 있을지 상상의 나래를 꼼꼼히 펼쳐 보자.

다음으로 하고 싶은 일들의 조건은 다음과 같다. 꼭 해야 하는 일은 아니지만, 재미가 있고 하고 싶은 일들이다. 찬찬히 생각해 보자. '여행, 배워 보고 싶은 것, 갖고 싶은 것, 해내고 싶은 것' 등등이 있겠다.

'자취방에 로봇 청소기와 식기세척기를 들이고 싶어.'

'일 년에 한 번은 해외여행을 가고 싶어.'

'올해는 꼭 영상 편집을 배우고 싶어.'

이처럼 생각나는 대로 하고 싶은 일을 적어 본다.

재무 목표를 세우려면 앞으로 어떤 일들을 이루고 싶은지 정리하는 게 먼저다. 그래야 그중에서 돈이 필요한 일에 자금을 준비할 수 있고, 돈이 필요하지 않은 일에 시간과 노력을 배분할 수 있다. 내가 기록한 해야 하는 일, 하고 싶은 일 중에 돈이 필요한 것과 필요하지 않은 것을 구분해 보자. 그리고 돈이 필요한 목표들 옆에 괄호를 열고 대략 어느 정도 자금을 준비하면 좋을지 기준 금액을 적어 본다.

보통 내가 적은 목표를 이루는 데 얼마가 필요한지 잘 모르겠기에 금액 적기를 망설일 때가 많다. 예를 들어 '결혼할 때 자금이 얼마나 필요하지?' 같은.

알 수 없기에 계획할 수 없고, 계획할 수 없어서 더 무겁게 느껴진다. 하지만 중요한 것은 정확한 금액 산정하기가 아니다. 준비의 동기 부여가 될 기준 금액 정하는 게 핵심이다. 실제로 얼마가 필요하든 조금이라도 준비 금액을 모아 두었다면, 추후 부족분을 채우는 방법을 찾을 수 있다. 그러나 '얼마가 필요한지 모르겠어'라고 손을 놓고 있으면 어떤 것도 실행되지 않는다.

경제 교육에서 이 같은 실습을 하면 수강생들은 대개 두 가지 타입으로 나뉜다.

첫 번째 유형은 설명이 끝나기도 전에 칸이 넘치도록 자기 욕망을 풀어놓는다. 해야 하는 일, 하고 싶은 일이 많아 신나한다. 그러나 또 '이것을 언제 다 이루나' 싶어 부담스러워하기도 한다.

두 번째 유형은 한참이 지나도 아무것도 적지 못한다. 아무 생각도 떠오르지 않아 허공만 바라보고, 무엇을 어디서부터 어떻게 적어야 할지 몰라 막막해한다.

재무 목표가 많이 떠올라 부담스러운 것도, 아무것도 떠오르지 않아 머리가 멍한 상태도 정상이다. 그러니 소중한 욕망을 섣불리 쳐내지 말고, 뭐든 생각해 내라며 자기를 채근하지도 말자. '지금 내 머릿속엔 이런 것들이 떠돌고 있구나'라고 아는 것만으로 일단은 성공이다.

해야 하는 일	
가족	부모님 환갑(200만 원), 칠순(200만 원), 결혼(3,000만 원), 출산
거주 환경	독립(1,000만 원), 보증금 인상, 내 집 마련
일과 소득 창출	이직, 자격증 취득
부채 상환	생활비 대출 상환(500만 원)
기타	PT 받기(100만 원)

하고 싶은 일	
여행	하와이 여행(500만 원)
배우고 싶은 것	서핑(100만 원)
갖고 싶은 것	청소기(100만 원), 식기세척기(200만 원)
해내고 싶은 것	사이드 프로젝트(100만 원)
기타	유기견 센터 봉사, 강아지 입양(100만 원)

내가 운영하는 온라인 수업에서는 재무 목표를 세우는 시간에 떠오르는 것들을 자유롭게 적어 보게 한다. 무엇을 적으면 좋을지 도무지 생각나지 않는다면 다른 사람들의 목표를 보며 브레인스토밍을 해 보자.

캠핑 도전
피아노 연습
솔로 탈출

전세 보증금, 주거 자립
발리, 유럽, 몽골 여행

엄마 명품 백 사 드리기
식습관 개선

비상금 만들기
여행 통장 만들기

강아지 입양하기
'미라클 모닝' 실천하기

경제 공부
뉴스레터 꾸준히 읽기

기타 배우기
결혼 자금 모으기
독서

홈 베이킹과 홈 카페 꾸미기

영국, 제주도 한 달 살기
외국인 친구 만들기

유튜브 채널 만들기
블로그 수익화 (20만 원)하기

책 쓰기   콘서트, 페스티벌 비용 모으기

헬스+PT로 건강한 몸 만들기   요리 배우기

매일 가계부 쓰기   금융 자격증 취득

영상 편집 배우기

부동산 강의 듣기   봉사 활동

제2의 직업 찾기   그림책 출판

퇴사   필라테스와 플라잉 요가 시작하기

학자금 대출 청산

칼림바 연습   자동차 구입

춤, 그림 배우기

제2의 월급 구축하기

꽃 배우기   자녀 교육

피부 관리   10주년 결혼기념일 여행

대학원 진학

1년에 1,000만 원 모으기   서핑 배우기

정기 후원하기

체지방량 5kg 감량하기

카페 창업하기

영어, 일본어 공부하기

동생 용돈 주기

부모님 건강 검진 챙기기

눈에 보이면
상상하기 쉬워진다

타이밍 결정하기

목표를 세울 때 '무엇을 할 것인가' 만큼이나 중요한 것이 '언제 할 것인가'다. 재무 목표를 세울 때도 마찬가지다. 우리가 정성스레 적은, 해야 하는 일과 하고 싶은 일을 '언제' 할 것인지가 행동의 고삐를 단단하게 당기기도 하고, 조급함에서 여유를 주기도 한다.

재무 목표에 '시기'를 정하는 이유는 포기하지 않기 위해서다. 사실 적어 놓은, 해야 하는 일과 하고 싶은 일을 하는 가장 이상적인 타이밍은 '바로 지금'이다. 보증금을 모아 독립하는 것도, 하와이 여행을 떠나는 것도, 남은 생활비 부채를 갚고 서핑을 배우는 것도 모두 지금 당장 해내고 싶다.

그러나 이러저러한 이유로 당장 그것들을 해낼 수 없기에 우리는 재무 목표를 통해 다음을 기약한다. 지금은 할 수 없더라도 내년, 내후년에는 그것을 할 수 있도록 끈을 놓지 않는 것이다. 오늘 할 수 없다고 해서 내일도 할 수 없다고 단정 짓지 않는 태도. 그것이 재무 목표를 세우는 가장 기본적 마음가짐이다.

특히, 내가 정한 목표를 이룰 타이밍을 결정하기 위해서는 내 앞에 놓인, 보이지 않는 무수한 시간을 시각화해야 한다. 눈에 보이도록 하는 것이 중요하기 때문이다. 이렇게 눈에 보이지 않는 시간을 보이도록 늘어뜨려 놓으면, 당장 뭐든 해내지 않으면 안 될 듯한 마음이 누그러진다. 그리고 생각보다 내게 많은 날이 남아 있다는 사실을 깨닫는다. 그리고 지금 당장 그것을 이루지 못하더라도 한 해, 한 해 이뤄 나가면 된다는 희망이 생긴다.

먼저, 올해부터 앞으로 10년 후까지 우리 앞에 주어진

오늘 할 수 없다고 해서
내일도 할 수 없다고 단정 짓지 않는 태도.
그것이 재무 목표를 세우는
가장 기본적 마음가짐이다.

해를 한 해, 한 해 적어 보자. 그리고 그 연도 밑에 나와 내 가족들은 몇 살이 되는지 적어 본다. 올해 나이를 적어 보고, 한 살 한 살을 더해서 옆으로 쭉 적어 주는 것이다.

내 나이뿐 아니라 가족들의 나이를 함께 적는 이유는 내 목표는 우리 가족에게 영향받기 때문이다. 결혼 계획이 있다면 내 나이뿐만 아니라 연인의 나이도 중요하다. 때로는 부모님의 나이 역시 고려 대상이 된다. 아이가 초등학교에 입학하는 것, 부모님이 칠순에 접어드는 것 모두 나의 이벤트이기도 하다. 최근 반려동물을 키우는 가정이 늘어나면서 가족의 나이를 적을 때 반려동물의 이름과 나이를 적는 분도 늘어나고 있다. 키우고 있는 강아지나 고양이가 나이 들수록 반드시 준비해야 하는 비용이 있기 때문이다.

따라서 나와 가족들의 나이를 앞으로 10년까지 쭉 적어 보자. 그리고 앞에서 나열했던 해야 하는 일과 하고 싶은 일을 앞으로의 10년 중 언제 배정하면 좋을지 기록하자. 욕심이 나는 것들은 앞으로 당기고, 조금 버거워 보이는 것들에게는 추가 시간을 주면서 현실적인 그림을 그려 보는 것이다.

　내가 내 인생의 디자이너가 되어 삶의 시나리오를 그려 볼 때 내가 꿈꾸는 내일은 현실이 된다.

연도 / 가족	올해 (20XX)	1년 후 (20XX)	2년 후 (20XX)	3년 후 (20XX)	4년 후 (20XX)	5년 후 (20XX)	6년 후 (20XX)	7년 후 (20XX)	8년 후 (20XX)	9년 후 (20XX)
나	33	34	35	36	37	38	39	40	41	42
연인	35	36	37	38	39	40	41	42	43	44
아빠	62	63	64	65	66	67	68	69	70	71
엄마	60	61	62	63	64	65	66	67	68	69
동생	32	33	34	35	36	37	38	39	40	41

해야 하는 일

연도	20XX	20XX	20XX	20XX	20XX	20XX	20XX	20XX	20XX	20XX	20XX
가족		환갑	결혼		출산					취업	
주거			구입		보증금			보증금		맞벌이 시작	
일	이직			자격증							
부채			상환								
기타			PT								

재테크 루틴의 기적

연도	20XX	20XX	20XX	20XX	20XX	20XX	20XX	20XX	20XX	20XX	20XX
				나의 꿈꾸는 일들							
여행			유럽								
배우기	수영										
갖기		청소기	식기
세척기			사이드
프로젝트					
하기		센터비용
위기연									
기타									영어
과외지		

너무 오래 살거나, 너무 빨리 죽거나

인생의 두 가지 리스크

인생에는 두 가지 리스크가 있다.

하나는 너무 빨리 죽는 것이고, 또 하나는 너무 오래 사는 것이다.

그래서 우리는 언제나 두 가지 질문을 마음속에 품고 살아가야 한다.

'당장 지금 죽는다면 나는 후회가 없을까?'

'내가 100살까지 오래오래 산다면 나는 후회 없이 살 수 있을까?'

이 두 가지 질문을 가슴에 품고 살아갈 때 우리는 너무 오늘에만 치중해 살지 않게 된다. 내일만 바라보며 사는 일도 없어진다.

재무 목표를 세울 때도 이 두 가지 리스크는 중요하다. 라이프 디자인을 하며 사람들이 가장 인상 깊어 하는 것이 나이를 적는 부분이다. 오늘만 생각하며 살던 사람도 나와 가족들의 나이를 적다 보면 앞으로 살아갈 날이 많이 남았다는 사실을 깨닫는다. 그래서 오늘의 자원을 내일을 위해 준비해 두어야 한다는 필요성도 체감하게 된다.

내일만 생각하며 살던 사람도 마찬가지다. 당장 무엇을 이루어야 할 듯해 바둥거렸던 이도 나이를 적다 보면 마음이 여유로워진다. 생각보다 많은 시간이 남았다는 것. 그래서 당장 집을 사거나 성공을 이뤄 내지 않아도 괜찮다는 사실을 이해하게 된다.

나 역시 프리랜서로 처음 일을 시작할 때 앞으로의 시간을 그려 보았다. 20대 중반의 당시 나이와 앞으로의 10년을 그려 보니, 꽤 많은 시간이 남아 있다는 걸 알 수 있었다.

당장 무엇을 이루지 못하더라도 앞으로 5년간 차곡차곡 경력을 쌓아 두면, 30대에 들어설 때는 답이 나오지 않을까?

그렇게 생각하며 나에게 시간을 줄 수 있었다.

결국 재테크란 내게 주어진 자원을 언제 어떻게 활용할지 결정하는 일이다. 오늘의 기쁨을 보류할 줄 알아야 내일의 내가 이용할 수 있는 자원이 남는다. 내일의 내가 능력과 지식을 갖추고 있으려면 오늘의 나에게 응당한 투자를 해 주어야 한다.

수현 씨는 소득이 적지 않음에도 돈이 모이지 않아 상담을 받게 되었다. 그의 현금 흐름을 정리해 보니 모든 소득은 현재 지출을 충당하는 데 집중되어 있었다. 대출 상환과 미래를 위한 저축은 이자 상환과 청약 저축이 전부였다. 현금 흐름만 보아도 수현 씨가 과거나 미래에 관심이 없다는 것이 분명하게 느껴졌다.

수현 씨는 라이프 디자인을 통해 앞으로 하고 싶은 것, 해야 하는 것을 파악해 보았다. 과거 쌓아 왔던 대출 역시 무엇 때문에 발생했는지 이유를 분명히 따져 보았다.

지금까지는 따로 부양가족이 없어 이대로 생활해도 괜찮았지만, 은퇴해야 할 시기가 점점 다가오고 있었다. 앞으로 회사에서 근속할 수 있는 시간은 10년이 채 되지 않았고, 수현 씨는 더 이상은 미래 준비를 미룰 수 없음을 인지하게 되었다.

당신은 지금 당장 죽는 것과 오래 살다 죽는 것 중 어느 것이 더 두려운가? 두려움은 무언가 다르게 행동해야 한다고 직감이 보내는 신호다. 당장 오늘 생을 마감하는 버전의 시나리오, 그리고 100세까지 장수하는 버전의 시나리오를 함께 상상해서 내가 어느 쪽에 더 큰 두려움을 느끼는지 생각해 보자. 어느 한쪽의 리스크를 외면하지 않고, 두 가지 상황 모두를 분명하게 바라볼 수 있을 때 우리는 그에 맞는 대책을 찾을 수 있다.

시간은 남는다고 해서 뒤로 보낼 수 없고, 부족하다 해서 당겨 올 수 없다. 그러나 돈은 다르다. 오늘 남은 것을 내일로 보낼 수 있다는 것, 그리고 내일의 것을 오늘 미리 쓸 수 있다는 것이 돈이 가진 묘미다. 돈이 가진 그 장점을 살려 자기에게 가장 맞는, 최고의 시나리오를 만들어 보자.

나의 시간, 가족의 시간
우리의 변화를 이해할 것

라이프 디자인을 하며 내 나이만큼 충격을 주는 것이 바로 가족들의 나이다. 당연한 이야기지만, 내가 나이를 먹는 동안 가족들도 나이를 먹는다. 항상 그 자리에 있을 것 같은 부모님도, 어리게만 생각했던 동생이나 자녀도 금세 나이가 찬다.

그래서 가족들의 변화를 확인하면 시기에 따라 나와 가족의 역할이 달라진다는 사실 역시 눈에 들어온다. 지금은 가족들에게 좀 기댈 수 있는 나이지만 몇 년 후부터는 내가 가족을 돌보아야 하는 나이가 된다는 것이 보일 수도 있다. 혹은, 지금은 가족들에게 도움을 주고 있지만 내 가정을 꾸리고 나면 그것이 더 이상 어려워지는 시점이 오리라는 사실도 예측할 수 있다.

특히, 수명이 늘어날수록 어느 한쪽만 부양자가 되지 않는다. 당장은 집에서 아이를 돌보고 있지만, 몇 년 안에 다시 사회로 나가야 할 수도 있다. 줄곧 가장이었던 이도 이직을 하거나 직종이 바뀌어 과도기가 발생하면 다른 가족의 도움이 필요하다. 물론 사회가 현대화할수록 돈 문제에 있어 '내 일은 내가 해결한다'라는 문화가 견고해지는 것도 사실이다. 하지만 얼마나 내 이상이 철저한가와 관계없이 실상을 들여다보면 어느 집이고 크고 작은 경제적 도움을 주고받음을 확인할 수 있다.

형제나 남매, 자매가 있다면, 부모님의 부양을 위해 가족 회비 만들기를 추천한다. 시간이 흐를수록 부모님의 의료비, 가전이나 가구 교체 비용 등 크고 작게 금전적 지원이 들어가기에 미리 가족 적금을 들어 놓는 것이다. 그 비용만으로 모든 것을 커버할 수는 없더라도 미리 돈을 모아 놓고 가족의 대소사를 의논하는 연습을 하다 보면, 정말 그런 대화가 필요할 때 어렵지 않게 문제를 해결할 수 있다.

신혼부부가 라이프 디자인을 해 보면서 자녀 계획에 합의를 보는 일도 있었다. 한 부부는 첫째 아이를 언제 출산할지에 의견 차이가 있었다. 아내는 아직 아이를 갖기에 경제적으로 준비가 되지 않았다는 의견이었고 남편은 그렇지 않다는 생각이었다.

실제 상담에서 라이프 디자인을 할 때는 10년이 아닌 35년 후까지 가정의 소득과 지출을 그래프로 그려 본다. 그 과정에서 임의로 부부와 예비 자녀의 나이를 적어 보니 부부가 60세가 넘어서도 아이가 대학에 다니는 그림이 그려졌다. 이는 두 사람 모두에게 충격을 주었다. 지금 당장 아이를 출산하기도 어려움이 있지만, 출산 시기가 늦어질수록 인생 후반부의 부양 부담도 커진다는 사실을 미리 느낄 수 있었기 때문이다. 이를 통해 부부는 막연하게 뒤로 미루던 자녀 계획을 결정지을 수 있었다.

이렇듯 자녀가 있는 가족이 자녀에게 언제 지원해 주

는 게 좋을지도 라이프 디자인의 주요 이슈다. 어렸을 때 조기 교육을 통해 출발점을 달리 만들어 줄지, 아니면 그 돈을 모았다가 후반부에 지원해 줄지. 노년의 한 내담자는 손녀가 방문할 때마다 용돈을 주는 대신 그 돈을 차곡차곡 모았다가 대학 입학 시 학자금으로 한꺼번에 지원해 주었다. 이에 자녀들 역시 크게 만족해했다고 한다.

어느 것이 정답이냐는 없다. 다만 인생에는 시기별로 더 효과적인 타이밍이 존재한다. 필요할 때는 소식도 없다가 뒤늦게야 찾아오는 것도 반갑지 않고, 불필요할 때는 자꾸 귀찮게 하다가 막상 필요할 때는 도움이 되지 않는 것도 애석하다. 결국, 우리는 좋은 가족이 되고 싶다. 그리고 그 좋은 가족이란 이상은 사실 너무나 높아서 아무리 노력해도 도달할 수 없을지도 모른다. 그러나 충분한 시간을 통해 어떤 것이 나의 최선인지 고민하고 행동해야 더 못해 주어 아쉬운 마음을 그나마 줄일 수 있지 않을까?

계획을 세우면
뭐가 달라져?

회의감이 들지라도

＊영화「기생충」스포일러 포함

"너 절대 실패하지 않는 계획이 뭔 줄 아니? 무계획이 야, 무계획!"

칸 영화제 황금 종려상 수상작으로 유명한 영화「기생 충」은 현대의 빈부 격차를 적나라하게 보여 주는 작품으 로 전 세계의 인기를 끌었다. 뒤늦게 열기에 합류하며 본 「기생충」에서 가장 기억에 남은 장면은 거북이와 두루 미도, 머리를 강타하던 수석도 아니었다. 송강호 배우가

맡은 주인공 김기택의 계획과 관련한 생각이었다.

기택의 가족이 꾸민 사기극이 점점 파국으로 치닫을 때, 딸 기정이 불안해하자 기택은 "아빠에게 계획이 다 있다"라며 딸을 안심시킨다. 하지만 나중에 아들 기우가 그 계획이 뭐냐고 묻자 '계획 따위는 없다고. 무계획이야 말로 최고의 계획이다'라는 식으로 대답한다. 계획을 해도 인생은 계획대로 되지 않으며, 오히려 계획이 없으면 잘못될 일도 없기 때문이라며.

기택은 극 중에서 대왕 카스텔라를 비롯해 여러 사업에 도전했다가 실패했다고 묘사된다. 그 같은 정보를 통해 그가 왜 계획이 무의미하다고 느꼈는지 우리는 짐작할 수 있다. 계획을 하면 효과가 있다는 경험이 있을 때, 우리는 다음번에도 계획을 세우게 된다. 하지만 계획을 세워도 달라지는 바가 없으면 계획 세우기를 포기한다.

오히려 그 같은 상황에서는 계획을 하지 않는 편이 더 이득이다. 계획을 세우면 오히려 실망만 더 커지기 때문이다.

영화를 보며 나 역시 왜 나이가 들수록 자기계발서

에 나오는 열의 넘치는 계획에 회의적 태도를 보였는지, 왜 점점 새해 계획에 무감각해졌는지 이해했다. 알게 모르게 계획대로 되지 않는 현실에 지친 탓에 잘 지켜지지도 않는 계획 따위는 소용이 없다고 느꼈던 것이다.

하지만 아이러니하게도 현실이 계획대로 되지 않음을 알 수 있는 이유는 애초에 계획이 있었기 때문이다. 그리고 현실이 계획대로 되지 않는다고 계획을 전혀 세우지 않으면 현실은 더욱더 산으로 간다. 계획대로 되지 않아서 계획을 짜지 않고, 계획이 없었기에 더 엉뚱한 방향으로 굴러가는 악순환이 펼쳐지는 것이다. 그 때문에 기대와는 다른 현실이 실망스러워진다. 그러니 무의미하게 느껴질지라도 한 해에 한 번은 인생의 방향성을 점검하는 시간이 필요하다.

사실 인생이 계획대로 되느냐, 되지 않느냐는 자원의 많고 적음과는 생각보다 관련이 적다.

극 중에서 플랜을 짜고 실행할 자원이 충분한 집주인 동익 역시 전혀 계획하지 않은 방향으로 생을 마감하지 않았던가! 인생이 뜻대로 되지 않는 것은 어쩌면 인간이란 생명체가 견뎌야 하는 불가피한 속성인지도 모른다.

그래서 나는 라이프 플래닝이란 말보다 라이프 디자인이라는 말을 선호한다. 플래닝은 조금의 오차도 없이 움직여야 할 듯한 느낌이 들지만, 디자인은 조금 더 융통성이 생기는 듯하기 때문이다. 우리는 모두 자신만의 아름다운 삶을 꿈꾸고 그리는 디자이너다. 그리고 완벽한 디자인이란 일필휘지로 한 번에 그려지는 것이 아니다. 그리고 지우고 또 그리고 다시 지우는 행위를 반복하며 완성하는 정밀한 결과물이다.

'내일 지구가 멸망하더라도 나는 오늘 한 그루의 사과나무를 심겠다'라는 말처럼 인간은 배가 고파질 것을 알면서도 밥을 먹고, 언젠가는 헤어질 것을 알면서도 사랑을 하며, 죽을 것을 알면서도 살아간다. 얼마만큼 계획이 실현되느냐가 아니라, 지금 기대하는 내일이 있다는 사실. 그것이 우리에게 더 중요하지 않을까?

매년 그리면 핵심이 보인다

이루어진 것과 잊어버린 것

주기적으로 루틴을 반복하면 데이터가 쌓일수록 더 많은 것을 얻어 갈 수 있다. 한 해에 한 번 라이프 디자인을 하면, 2년 차부터는 작년의 라이프 디자인과 올해의 라이프 디자인을 비교할 수 있기 때문이다. 그리고 두 가지 라이프 디자인을 함께 살피다 보면, 한 해 동안 이루어진 것과 잊어버린 것이 자연스레 눈에 들어온다.

'몇 년 동안 꿈꾸던 독립을 드디어 올해 이뤘구나.'

'부채를 다 갚는 데 3년은 걸리리라 생각했는데 1년

만에 갚았네!'

'올해는 가전이랑 가구를 바꿨네!'

이처럼 작년에는 막연하게 기록했던 목표들이 실현되었다는 사실이 보인다. 반대로, 작년만 해도 간절했던 목표들이 더는 중요하지 않음을 확인하기도 한다.

간절했던 여행이나 해외 연수가 귀찮아지고, 떠나기보다는 내 안온한 공간에 있는 걸 더 즐기게 된다. 삶을 업그레이드해 줄 거라 믿었던 브랜드나 아이템이 별 볼일 없어 보이기도 한다. '내가 이런 것도 적었나?' 하고 놀라기도 한다.

이제는 중요하지도, 갖고 싶지도 않은 것들을 소중하게 적었던 자신이 새삼 생경하다.

그렇게 이루어진 것과 잊어버린 것을 바라보고 있으면 평소 변화에 회의적인 사람도 한 해 동안 많은 일이 일어날 수 있음을 인정할 수밖에 없다. 하루하루가 너무 빠르게 흘러가기에 '한 해 동안 변할 수 있는 건 많지 않다'라고 우리는 으레 짐작해 버린다. 하지만 팔을 걷어붙이고 직접 일 년 전과 지금을 비교해 보면 그렇지 않다.

'작년과 올해가 이렇게 다르다면, 올해와 내년도 그렇지 않을까?'

'지금 생각하기엔 어려워 보이는 것도, 불가능해 보이는 것도 어쩌면 한 해 동안 가능하지 않을까?'

이런 희망도 품을 수 있게 된다.

물론, 과거에 적은 목표 중에는 한 해 동안 이루어지지 않더라도 또다시 적게 되는 목표들도 있다. 번번이 이루지 못하면서도, 계속 포기할 수 없는 목표들은 내 인생에 중요한 핵심 목표들이다. 많은 목표가 다음 해만 돼도 시들해짐을 알기에, 몇 년째 그 자리에 남아 있는 목표들은 그 자체로 소중하다. 왜 이 목표를 원하는지, 쉽게 이룰 수 없는 이유는 무엇이며 어떻게 보완하면 좋을지 등을 질문하다 보면 내가 어떤 사람인지도 투명하게 드러난다. 그렇게 발견한 나만의 간절함은 내 인생의 반짝이는 개성이 된다.

해가 지날수록, 라이프 디자인을 반복할수록 무언가를 바라고, 꿈꾸고, 욕망하는 나의 능력은 점점 더 높아진다. 처음에는 무엇을 적어야 할지 몰라서 소심하게 끄

번번이 이루지 못하면서도,
계속 포기할 수 없는 목표들은
내 인생에 중요한 핵심 목표들이다.

적거렸던 손짓이 해가 갈수록 대담해진다. 조금은 터무니없어 보이는 목표도, 남들이 보면 비웃을 수도 있는 목표도 큼직하게 적고 과거에는 텅텅 비었던 칸들이 이제는 쉽게 꽉 들어찬다.

간절하게 이루고 싶은 꿈과 목표는 생각보다 쉽게 찾아오지 않는다. 그렇기에 쉽게 등장했다 사라져 가는 목표 가운데 변함없이 남아 있는 나의 소중한 욕망을 섣불리 포기하거나 단념하지 않아야 한다. 한 번에 이루어지지 않더라도 목적지가 선명하면 방법은 얼마든지 찾을 수 있으니 말이다.

올해는 라이프 디자인을 통해 나만의 큰 그림을 그려 보면 어떨까?

재테크 연간 루틴
따라 하기

나는 교육을 할 때 가능한 한 실습 시간을 갖는다. 아무리 좋은 이야기를 들어도 내 것이 되지 않으면 기억에 남지 않기 때문이다. 옆자리 친구와 장난만 치거나, 시종일관 무표정이던 수강생도 실습 시간엔 사뭇 표정이 달라진다.

앞서 언급된 팁들을 직접 따라 해 볼 수 있도록 각 루틴마다 '실습' 페이지를 준비했다. 가벼운 마음으로 하나씩 빈칸을 채우다 보면, 자신에게 맞는 루틴을 체득할 수 있을 것이다.

◎ 다음 중 돈을 통해 얻고 싶은 세 가지 가치를 골라 보세요.

돈을 통해 얻고 싶은 세 가지 가치는?

종교

명예

아름다움

봉사

영성

공동체

기여

자유

가족

풍요로움

여유

다양한 경험

일의 의미

독창성

전문성

성장

모험

도전

건강

재미

권력

효율성

품위

평화

성취감

안정감

안전

지식

소속감

◎ 앞으로의 인생에서 해야 하는 일을 자유롭게 적어 보세요.
경제적 준비가 필요한 목표에는 금액도 적어 보세요.

해야 하는 일	
가족	
거주 환경	
일과 소득 창출	
부채 상환	
기타	

◎ 앞으로의 인생에서 하고 싶은 일을 자유롭게 적어 보세요.
경제적 준비가 필요한 목표에는 금액도 적어 보세요.

하고 싶은 일	
여행	
배우고 싶은 것	
갖고 싶은 것	
해내고 싶은 것	
기타	

재테크 루틴의 기적

◎ 나와 가족들의 나이를 올해를 포함해 10년 후까지 적어
보세요.

연도 \ 가족	올해	1년 후	2년 후	3년 후	4년 후	5년 후	6년 후	7년 후	8년 후	9년 후
나										

◎ 적어 본 나이를 보며 앞에서 적은, 해야 하는 일의 시기를
정해 보세요.

해야 하는 일	연도	가족	주거	일	부채	기타

재테크 루틴의 기적

◎ 적어 본 나이를 보며 앞에서 적은, 하고 싶은 일의 시기를
정해 보세요.

하고 싶은 일	연도	여행	배우기	갖기	하기	기타

• 4장 •

재테크 월간 루틴

한 달에 한 번,
지출 체크

한 달에 한 번은 내 돈을 살펴보자

사람들이 처음 재테크를 결심할 때 가장 흔하게 시도하는 일이 '가계부 쓰기'다. 가계부는 매우 단순하고 고전적인 돈 관리 도구이기 때문이다. '재테크'에 도전할 때 가장 만만하게 시도할 수 있는 루틴이기도 하다.

가계부는 주식이나 부동산, 코인처럼 시기에 따라 특별히 인기가 높아지거나 열풍이 거세지진 않는다. 하지만 서점에 가면 한쪽에 꼭 전문 섹션이 있을 정도로 꾸준히 수요가 있다. 그런데 상담이나 교육을 하면 꾸준히 가계부를 쓴다는 분을 만나기 어렵다. 딱히 재테크에 관심이 없어서일 수도 있겠으나, 돈에 관심이 많은 분조차도 '굳이 가계부를 쓸 필요를 모르겠다'라고 말씀하실 때가 많다.

왜 우리는 가계부 쓰기에 도전하면서도 꾸준히 지속하지 못할까?

왜 결국에는 '별 볼 일 없다'라고 결론지어 버릴까?

그 이유는 우리가 가계부를 오해하고 있는 부분이 있기 때문이다. 우리가 가계부를 떠올릴 때 가장 먼저 머릿속에 그려지는 그림은 가계부를 '쓰는 모습'이다. 펜과 노트를 들고, 매일매일 꼼꼼히 그날의 지출을 기록하는 게 가계부의 본질이라고 생각한다. 그래서 가계부를 잘 쓰려면 1원 하나까지 꼼꼼하게 챙기는 섬세함이 필요하며, 귀찮은 것을 못 견디는 자신은 '가계부와 맞지 않는다'라고 생각한다.

하지만 따지고 보면 재테크에 관심이 있는 사람 중 그 정도의 귀찮음을 극복하지 못할 사람은 드물다. 재테크에 관심이 있는 사람들은 기본적으로 성실하며, 성장과

재테크 루틴의 기적

발전에 관심이 많다. 아침형 인간이 되겠다는 다짐이 번 번이 물거품으로 변하는데도 '미라클 모닝'이 유행하면 다시금 눈이 반짝인다. 주말의 나른함을 이기며 책을 읽고, 필요하다면 데이트로 임장 여행을 떠난다. 정말 가계부가 가치 있다고 느낀다면, 그 정도 귀찮음과 노고는 아무것도 아니게 이겨 낼 수 있다는 말이다.

진짜 문제는 가계부를 쓸 '시간이 없다', 가계부를 쓰기가 '귀찮다'가 아니다. 가계부가 우리에게 어떤 의미나 가치를 주는지 모르겠다는 점이다. 지금껏 가계부에서 아무것도 얻을 수 없었던 이유는 가계부의 본질이 '쓰는 데'가 아니라 '보는 데' 있음을 몰랐기 때문이다.

그렇다. 가계부는 꼼꼼히 '쓰는 게' 중요한 게 아니라, 꾸준히 '보는 게' 중요하다. '기록'을 통해 내 의사 결정을 돌아보며 정보를 얻을 때 비로소 기록의 가치가 생기기 때문이다.

오늘날 우리의 모든 활동은 돈과 결부되어 있다. 하루 시간 대부분을 들여 직장에 이바지한 노고는 월급으로, 틈틈이 시간을 쪼개 진행한 사이드 프로젝트의 즐거

가계부는 꼼꼼히 '쓰는 게'
중요한 게 아니라,
꾸준히 '보는 게' 중요하다.

움은 부수입으로 연결된다. 건강을 위해 좋은 음식을 사 먹는 것도, 자기 계발을 위해 운동을 하거나 새로운 무엇인가를 배우는 것도, 친구나 가족들에게 마음을 쓰며 선물을 하는 것도 모두 지출로 나타난다. 따라서 한 달에 한 번, 나의 소득과 지출을 살펴보는 일은 그달의 내 행동을 종합적으로 돌아보고 살펴볼 수 있는 효과적인 방법이다.

'가계부를 쓰자'라고 얘기하긴 쉽지만, 그 가계부를 통해 무엇을 보아야 하는지는 설명하기 어렵다. 그 결과 가계부는 절약을 위한 도구로 납작해졌을 뿐 아니라 대중의 신뢰를 잃고 말았다.

이번 장에서는 가계부 '보기'에 초점을 맞춰 한 달에 한 번은 내 돈을 체크해 보자고 제안한다. 월간 루틴인 '지출 체크'로 무엇을 얻을 수 있는지 지금부터 알아보자.

들어오는 속도와
나가는 속도
양적 평가하기

월간 루틴인 지출 체크의 첫 번째 관문은 그달의 양적 평가다. 한 달 동안 들어온 수입은 얼마이고, 지출은 얼마인지 그리고 그 수입과 지출에 균형이 맞는지 살펴보는 것이다. 그달의 수입과 지출이 균형을 이룰 때 돈은 문제없이 들어와서 나가고, 우리는 이 상태를 '수지 균형'이라 표현한다.

먼저 수입을 보자. 가계부를 작성할 때 빠지지 않고 기록해야 하는 것이 수입이다. 한 달에 수입이 월급 하나인

직장인이든, 여러 가지 수입이 동시다발로 들어오는 자영업자나 프리랜서이든 일단 수입을 제대로 알아야 내 소비 규모를 결정할 수 있다. 직장인은 세금을 제외한 실수령액을 기준으로 월급을 기록해 놓고, 때때로 발생하는 성과급과 상여금, 기타 수당을 놓치지 않고 기록한다.

당근이나 알라딘 등으로 중고 물품을 판매해 얻은 소득이나, 가족과 친지에게 받은 용돈, 은행권 리워드 적립금도 모두 나의 깨알 수입이다. 이런 작은 소득들을 놓치지 않고 기록해 놓아야 한다. 그래야 생각보다 내게 들어오는 돈의 규모가 작지 않다는 사실을 알게 된다. 그리고 이러한 작은 소득들도 정식 수입으로 여기고 파악해야 '꽁돈'이 들어왔다며 흥청망청 소비하지 않고 제대로 필요한 곳에 사용할 수 있다.

프리랜서나 자영업자는 직장인보다 상대적으로 자기 수입을 파악하기 더 어렵다. 일단 소득이 시시때때로 발생할 뿐만 아니라, 사업을 위해 사용한 비용을 소득에서 제외해야 나의 순수한 수입을 알 수 있기 때문이다. 때문에 규모가 큰 자영업자나 프리랜서라면 사업체의 장부를 따로 만들어 사업체의 현금 흐름과 나의 현금 흐름을 구분해서 관리하는 편이 좋다.

사업체 규모가 크지 않은 자영업자나 프리랜서라면, 하나의 가계부로 현금 흐름을 관리하되, 지출 항목으로 사업비만을 위한 항목을 만들어 사업을 위해 쓴 지출을 따로 볼 줄 알아야 한다. 나는 '편한 가계부'라는 애플리케이션을 사용하고 있는데 이 애플리케이션은 유료 버전과 무료 버전이 있다. 나는 두 가지 애플리케이션을 모두 다운받아 강의료가 들어올 때마다 무료 버전에 저장해 둔다. 그리고 그중 사업 비용으로 내야 할 것을 제외한 순수입을 유료 버전의 정식 애플리케이션에 저장해 놓고 개인 수입을 관리하고 있다.

수입 다음은 지출이다. 지출은 나가는 돈을 의미한다. 그렇기에 당장 이번 달에 소비한 금액이 아니라도 내 통장에서 나가는 모든 돈을 의미한다. 지출은 크게 과거에 쓴 돈을 상환하는 '대출 상환', 이번 달에 쓴 돈을 의미하는 '현재 지출', 그리고 미래에 쓸 돈을 저축 및 투자하는 '미래 저축'으로 구분할 수 있다.

나에게 들어온 수입 합계에서 이번 달 대출 상환액, 현재 지출액, 미래 저축액을 무리 없이 충당할 수 있다면 그달의 수입과 지출은 균형을 이루었다고 볼 수 있다. 물론, 우리는 기계가 아니기에 수입과 지출이 정확하게 일치하지는 않는다. 어느 달은 수입이 더 많고, 또 어느 달엔 지출이 많은 것이 정상이다. 하지만 궁극적으로는 들어오는 돈의 양과 나가는 돈의 양이 비슷해야 생활이 문제없이 유지된다.

수지 균형이 지속해서 맞지 않는다면? 일단, 수입과 지출의 차가 플러스로 계속 남는 돈이 생긴다면 그만큼 내가 어디로 가고 있는지 파악하지 못하는 돈이 있다는 뜻이다. 대출 상환액, 현재 지출액, 미래 저축액 중 나가고 있으나 내가 파악하고 있지 못한 부분이 있는지 점검하고, 남는 돈이 확실히 내 의도대로 쓰일 수 있도록 관리해야 한다. 반면, 수입과 지출의 차가 마이너스로 계속 부족하다면? 단기적으로는 생활할 수 있을지 몰라도, 길게는 신용카드 혹은 대출을 이용해야 하거나 그동안 모아 두었던 저축을 사용해야 함을 인지해야 한다.

나는 이렇게 수지 균형을 맞추는 작업을 양보다는 속도의 관점으로 보고 싶다. '수지 균형을 맞추기 위해 무조건 돈을 많이 벌어야 한다! 적게 써야 한다!'라고 생각하면 스트레스를 받기 때문이다. 그보다는 내게 들어오는 돈과 나가는 돈의 속도를 맞춘다고 상상해 보자. 들어오는 돈은 천천히 들어오는데, 나가는 돈이 너무 빠르게 나간다면 부채가 늘거나 자산이 줄어드는 문제가 생긴다. 반대로, 들어오는 돈은 빠르게 들어오는데, 나가는 돈은 느리게 나간다면 돈의 흐름이 정체될 것이다. 돈이 부족한 것보다는 문제가 없겠지만, 남은 돈을 어떻게 저축하고 투자해야 할 것인지 고민이 필요할 것이다.

상담을 하며 같이 가계부를 들여다볼 때 나는 내담자에게 중요한 지출과 그렇지 않은 지출을 구분해 보자고 한다. 그러면 내담자가 어려움을 표할 때가 많다. 자기 처지에서는 모두 필요하고 중요해서 쓴 돈이기 때문이다. 하지만 모두 중요하고 필요한 지출이더라도 더 급한 지출과 좀 더 미뤄도 되는 지출은 분명히 나뉜다.

무엇이 불필요한지 꼽기 어렵다면 이 중 좀 더 천천히

써도 됐을 항목은 무엇이었는지 생각해 보자.

양적 평가를 통해 내 돈이 흐르는 속도를 살펴보자. 들어오는 돈과 나가는 돈이 적절한 속도로 흐르고 있는가? 그것이 지출 체크를 통해 보아야 할 첫 번째 포인트다.

수지균형 이해하기

수입 = 대출 상환 + 현재 지출 + 미래 저축

지하철 타면서 명품 들면 왜 안 돼?

질적 평가하기

양적 평가 다음은 질적 평가다. 지출의 질적 평가란, 그 달의 만족스러운 지출과 아까운 지출이 무엇이었는지 돌아보는 것이다. 어떤 소비는 힘든 시간 나를 버티게 해 주고, 고갈된 에너지를 채워 준다. 그러나 어떤 소비는 나를 공허하고 맥빠지게 하기도 한다. 이번 달 내게 힘이 되어 준 소중한 지출은 무엇일까? 또, 습관적으로 의미 없이 빠져 나간, 아까운 비용은 무엇일까?

질적 평가를 위해 한 달간의 지출을 천천히 살펴보면

잠들었던 수많은 기억이 깨어난다.

'내가 이런 음식도 먹었지!'

'맞다. 이번 달 초에 화장품을 샀네.'

'동기 모임 재밌었는데……'

잊고 있던 한 달의 시간이 다시금 살아나 반짝인다. 그렇게 소비한 비용과 숫자를 넘어, 이를 통해 얻었던 즐거움도 함께 바라볼 때 가계부가 주는 묘한 박탈감이 자연스레 줄어든다.

질적 평가를 하는 또 다른 이유는 자기다운 소비가 무엇인지 알아 가기 위해서다. 지출이라고 다 똑같은 지출은 아니다. 금액의 높고 낮음에 따라 만족도가 결정되지도 않는다. 비싸다고 모두 내 입맛에 맞는 것도 아니고, 무조건 싸다고 맛없는 음식도 아닌 것처럼 말이다.

사람마다 만족감을 느끼는 소비는 다르다. 그렇기에 자기 욕구에 따라 내 돈을 쓸 수 있을 때 사람은 가장 행복하다. 하지만 우리는 어쩐지 돈을 쓸 때마다 남들의 눈치를 보게 된다. '내 소득에 이런 걸 사면 남들이 비웃지 않을까?', '합리적으로 소비해야 해!' 등등 엄격한 교관이 되어 나 자신을 평가한다. 그리고 내가 좋아하는 그 무엇을 하기 위해선 '얼마의 소득과 자산이 필요하다'라고 결론을 내리고, 그전까지는 자신에게 어떤 즐거움이나 만족도 허용하지 않는다.

물론 생활에 부담을 주는 과도한 소비를 무조건 허용해야 한다는 건 아니다. 그러나 너무 무리하지 않는 범위 안에서 자기 욕구를 존중하고, 이해해 보려는 노력도 필요하다. 돈을 아끼고, 모으는 재테크도 결국엔 나의 행복과 만족을 위해서 하는 일이니 말이다. 나 자신의 소비를 존중하며 재테크에 임해야만 타인의 소비와 취향 역시 쉽게 깎아내리지 않는다.

'어디에 돈을 쓸 것인가' 만큼 분별력과 합리성이 필요한 부분은 없다고 누군가는 생각할지도 모른다. 하지만 여러 사람의 지출을 함께 살펴보며 누구나 그만의 이해하거나 설명할 수 없는 소비의 특이점을 갖고 있음을 나는 알게 되었다. 그리고 그 독특함을 무시하지 않고 존중할 때 그만의 생기와 역동이 지켜진다는 것도 알게 되었다.

재테크 루틴의 기적

내가 왜 이 돈을 써야 하는지
그리고 왜 쓰지 말아야 하는지
이해시켜야 할 사람은
결국 자기 자신 뿐이다.

세상에는 수없이 많은 도덕 규칙이 있고 이는 돈도 마찬가지다. 이렇게 버는 건 똑똑하고, 저렇게 버는 건 멍청하다. 이렇게 쓰는 건 올바르고, 저렇게 쓰는 건 나쁘다. 알게 모르게 내게 영향을 미치는 수많은 규칙에 앞서 내 목소리는 무엇인지 물어보자. 그리고 지키고 싶은 부분에서는 '왜 안 돼?'라고 당돌하게 되물어보자.

나라는 사람은 어떤 곳에서 즐거움과 위로를 얻는지, 또 어떤 것에는 아무 느낌이 없는지 분명히 알 때 내가 행복한 방향으로 돈을 쓸 수 있다. 내가 좋아하는 것에 당당히 돈을 쓸 수 있고 그것을 인정하는 사람만이 자신에게 의미 없는 지출 또한 현명하게 멈출 수 있다.

내가 왜 이 돈을 써야 하는지 그리고 왜 쓰지 말아야 하는지 이해시켜야 할 사람은 결국 자기 자신뿐이다.

나의 지갑이 열리는 순간
감정 평가하기

과거의 나는 나를 꼼짝하지 못하게 하는 것이 돈이라고 생각했다. 돈이 나를 움직이고, 쥐락펴락하고, 내 향방을 결정하므로 돈은 중요하다. 그래서 '돈을 공부하고 정복하겠다!'라고 마음먹었다. 순진했던 나는 돈의 주도권만 쥘 수 있다면, 내 인생은 원하는 대로 펼쳐질 거로 생각했다.

그런데 수년간 경제 상담을 하며 사람을 쥐락펴락하는 데에 돈보다 더 큰 힘을 발휘하는 것이 있다는 사실을 알게 되었다. 그 빌런은 우리가 가는 곳을 결정하고, 하는 행동을 지시했으며, 돈을 벌게도 잃게도 했다. 그 빌런의 이름은 감정이었다.

어떤 감정을 나는 사랑했다. 소속감, 열정, 우월감 같은 감정을 나는 사랑했다. 그래서 더 많이 느끼고 싶어서 돈을 썼다. 어떤 감정을 나는 두려워했다. 우울함, 무력감, 열등감과 죄책감 같은 감정을 나는 두려워했다. 그 감정을 피하고 싶어서 돈을 썼다.

감정은 나를 쥐락펴락했고, 나는 그 앞에 속절없이 무너졌다. 아무리 좋은 계획을 세우고, 돈 벌 궁리를 하고, 소비를 줄이려 노력해도 감정 앞에선 소용없었다. 그래서 감정을 아는 일이 돈 관리의 필수 과제라는 사실을 인정할 수밖에 없었다.

지출 체크의 마지막 단계는 감정 평가다. 감정 평가란, 그달의 지출을 살펴보면서 반복되는 소비 패턴이 있는지, 충동적으로 소비한 지출은 무엇이었는지 찾아보고 그 뒤에 어떤 감정이 있었는지 생각해 보는 것이다. 고치고 싶지만 반복되는 소비 습관과 충동적 지출 뒤에는 항상 그것을 촉발한 감정이 있다. 괴롭더라도 '내가 어떤 감정일 때 이 같은 지출을 하게 되는가?'라고 구체적으로 짚어 보아야 한다. 그걸 이해할 때 진정한 개선을 할 수 있다.

태우 씨는 자기 경력보다 돈을 모으지 못한 것 같다는 고민을 들고 내게 찾아왔다. 그가 자산을 모으지 못한 이유는 가족들이 어려움에 부닥칠 때마다 도와주어야 했기 때문이다. 가족들이 힘들 때 도움을 주는 것은 잘못된 일이 아니다. 하지만 그 일이 힘에 부치다 보니 태우 씨는 사람들이 미워졌고, 가족들에게 화를 자주 내는 사람이 되었다. 태우 씨도 머리로는 이런 패턴이 좋지 않다는 것을 알고 있었다. 하지만 가족들에게 다시 비슷한 일이 생기면 외면하지 못했다. 도와주지 않으면 나쁜 아들이 되는 듯한 죄책감 때문이었다.

사람마다 자기를 뒤흔드는 감정은 저마다 다르다. 워크숍을 통해 어떤 감정이 내 지출에 영향을 미치는지 다양한 사람과 이야기를 나누어 보았다. 어떤 이는 여행을 가서 기분이 좋을 때 과한 지출을 하게 된다고 했다.

기분이 좋아 신날 때 원하는 것을 하지 않으면 흥이 깨지기 때문이다. 또 어떤 이는 SNS로 남들의 지출을 보면서 자연스레 자기 씀씀이도 커졌다고 했다. 나만 뒤떨어지는 느낌을 견디기 어려웠기 때문이다. 그는 '나도 저렇게 쓸 수 있는 사람'이라고 증명하기 위해 지출할 때가 많았다고 이야기했다.

김병후 신경정신과 전문의는 「다큐프라임_자본주의」를 통해 '쇼핑은 이성이 아니라 감정'이라 단언한다. 사실 인간으로 태어나 감정에 휘둘리는 것은 어쩔 수 없는 일이다. 하지만 평소 자기가 어떨 때 잘 흔들리는지 인지하고 있다면, 영문도 모른 채 같은 상황이 반복되는 함정은 피할 수 있을지 모른다.

경제 뉴스레터 어피티에서는 「우리 집 재테크를 부탁해」 이지영 작가와 함께 소비를 자극하는 감정과 동기를 일목요연하게 소개한 바 있다. 오른쪽의 리스트를 살펴보며 나를 쥐락펴락하는 항목이 있는지 확인해 보자.

1. **자유**: 노동의 대가로 얻은 자유

2. **재미**: 새로운 것에 끌리는 인간의 뇌, 득템의 짜릿함

3. **사람 노릇**: 가족과 지인을 위해 책임을 다한다

4. **과시**: 내가 사는 것이 바로 내 정체성이다
   (You are what you buy)

5. **소속감**: 동료 압박, SNS

6. **현실 도피**: 소비는 감정의 상처를 치료하는 연고

7. **사랑**: 사랑을 구하는 가장 강력한 무기인 소비

8. **쾌락**: 가장 빠르고 쉬운 쾌락은 소비
   (안락, 여가, 즐거움)

9. **희망**: 지금은 가질 수 없는 모습이지만 소비는
   할 수 있다

출처: 어피티(UPPITY) 2022년 3월 3일 자

소비는 투자다

결과 확인하기

요즘은 투자하지 않는 사람이 없을 정도로 누구나 투자를 한다. 모바일 애플리케이션에만 들어가도 쉽게 사들일 수 있는 종목들이 널려 있다. 한 달 전, 일주일 전 투자했다면 얼마를 벌었을지 알려 주는 친절한 애플리케이션 덕분에 우리는 기꺼이 빨갛고 파란 수익률의 파도에 몸을 맡긴다.

그렇다면 투자를 한 후에는 무슨 일이 벌어질까? 계속 시선이 차트에 가고, 내 수익률이 몇 퍼센트인지 자

재테크 루틴의 기적

동으로 확인하게 된다. 오르면 기분이 좋고, 내리면 우울하다. 마치 나의 기분이 수익률 곡선에 동기화된 듯하다. 한동안 2030 세대에서 이별의 치료제는 코인이라는 말이 떠돌기도 했다. 역동적인 코인 그래프를 보고 있으면 이별의 상처까지 잊게 되기 때문이다.

이처럼 무엇인가에 투자를 했으면 그 결과가 어떠한지 궁금해지고, 확인해 보는 게 당연하다. 주기적으로 현황을 점검하며 계속 선택을 고수할지, 지금이라도 다른 선택을 내려야 할지 고민해야 내가 받을 투자 결과로 생기는 후회를 줄일 수 있기 때문이다. 그런데 투자할 때는 이렇게 신중하게 접근하고 끈질기게 결과를 확인하면서, 우리는 유독 소비에는 관대하다.

돈은 한 번 써 버리면 없어졌다고 생각한다. 그래서 그 돈이 어디로 갔는지, 내게 좋은 결과를 주었는지는 돌아보지 않는 것이다. 나의 소비 명세를 살펴보는 일은 실로 골치가 아프며, 생각할수록 기분이 좋지 않다. 그렇기에 이미 쓴 돈은 묻지도, 따지지도 않고 깔끔하게 잊는 편이 정신 건강에 좋다고 판단해 버린다.

하지만 소비도 투자와 크게 다르지 않다. 소비는 내 인생의 각 부문에 하는 투자이기 때문이다. 발전하기를 원하는 부분에 제대로 돈을 써 주어야, 그 부분의 성장이 이루어진다. 더 예뻐 보이고 싶으면 미용에 투자를 해야 한다. 좋은 관계를 원한다면, 사람에 투자해야 한다. 건강한 몸을 원한다면 좋은 음식 재료와 운동에 투자해야 한다.

상담을 하다 보면 무언가를 원한다고 하면서도 전혀 다른 것에 투자하고 있는 사람들을 쉽게 목격하게 된다. 건강을 원하지만, 건강에 비용을 쓰지 않는다. 좋은 관계와 인정을 원하지만, 사람에게 쓸 시간도, 돈도 없다. 그리고 아무것도 투자하지 않았기에 자연스레 돌아오는 것이 없는 결과를 맞이한다.

나 역시 마찬가지다. 성장을 원한다고 생각하지만, 성장에 쓰는 비용은 아까워한다. 혹은 성장을 하겠다며 이런저런 비용을 썼지만, 그저 그때그때 즐거운 일을 했을 뿐이다. 그렇기에 정신을 차리고 자신을 객관적으로 바라볼 시간이 필요하다. 내가 정말 원하는 부분에 자원을 투자하고 있는지, 그렇게 투자한 것들은 목표를 이루기 위해 적합한지 말이다.

자기 자원을 효과적으로 분배하고 투자하는 사람은 인생에서 원하는 결과를 얻을 수밖에 없다. 결국 자기가 관심을 두고, 시간과 금전적 비용을 들인 것은 내 것으로 돌아오기 때문이다. 반대로, 아무리 많은 돈을 쓰더라도 의미 없이 소진했다면, 무엇 하나 남는 것 없는 현실이 펼쳐진다.

지출 체크는 소비를 통해 내가 투자한 것들의 결과를 확인하는 과정이다. 그리고 다음 투자 결정을 내리기 위해 고민하는 시간이다. 나는 지금의 내 모습이 마음에 드는가? 내 인생이 더 나아지려면 어디에 돈을 투자해야 할까? 그것이 가계부가 중요한 진짜 이유다.

브레이크와
액셀러레이터 밟기
돈 관리를 하는 이유

'**그때** 면허를 땄어야 했는데······.'

보통 운전면허에 도전하는 시기는 수능 시험이 끝나고 대학에 입학하기 전이다. 하지만 할 일은 가능한 한 미루고 보는 성향으로 나는 당시 운전면허 연습장을 쳐다보지도 않았다. '면허는 필요할 때 따는 게 최고지'를 운운하며 꿀 같은 방학을 보낸 것이다. 그렇게, 수능이 끝나고 십 년 만에 찾은 운전면허 연습장에서 나는 뒤늦은 후회를 하게 된다. 생각보다 운전을 배우는 게 쉽지 않았기 때문이다.

운전을 배우며 나는 처음으로 운전을 잘하는 기술이 있다는 것을 알게 되었다. 브레이크를 부드럽게 밟는 기술, 도로의 분위기를 파악하는 눈치, 그리고 기회가 왔을 때는 액셀러레이터를 힘차게 밟는 배짱까지. 운전에는 다각도의 기술이 필요하다. 기능 두 번, 도로 주행 세 번 만에 손에 쥔 면허증을 든 채 나는 감격의 눈물을 흘렸다. 그리고 '운전은 돈 관리와 참 비슷하구나'라고 느꼈다.

훌륭한 돈 관리는 훌륭한 운전과 비슷하다. 내 기분, 내 생각에서 벗어나 주위를 둘러보며 내 주변이 어떤 상황인지 파악해야 하고, 목표를 향해 액셀러레이터와 브레이크를 적절히 밟아야 하기 때문이다.

돈 관리에서 액셀러레이터란 소비와 같다. 돈은 우리가 갖고자 하는 것, 이루고자 하는 것을 더 빠르고 쉽게 가져오는 수단이다. PT를 끊는다고 몸이 만들어지진 않는다. 그러나 적어도 PT를 끊어 놓으면 운동을 할 가능성이 커진다. 돈을 들이지 않고도 운동은 할 수 있지만, 돈을 들이면 그 과정이 조금 더 수월해진다.

문제는 이렇게 액셀러레이터만 밟다 보면 속도 조절이 안 되기도 하고, '쿵' 하고 사고가 날 때도 있다는 점이다. 그래서 현명한 이는 빠르게 가기 위해 액셀러레이터만 밟지 않는다. 적절하게 브레이크를 밟아 가며 속도를 조절한다. 당장 뭔가를 갖고 싶고, 이루고 싶은 마음에 조급하더라도 지금 무리해서 소비할 때가 아니라면 멈출 줄 안다.

당연하게도 면허를 취득하기 위해서는 액셀러레이터와 브레이크를 모두 밟을 줄 알아야 한다. 시원하게 액셀러레이터를 밟을 수 있어야, 빨간 불에 빠르게 멈출 수 있어야 시험에 통과할 수 있다.

돈 관리도 마찬가지다. 액셀러레이터를 시원하게 밟으며 지출만 한다면, 혹은 브레이크만 밟으며 아끼기만 한다면 실격이다. 쓸 때는 써 주고, 필요할 때는 멈출 줄 아는 사람만이 안전하고 즐겁게 목적지에 도착할 수 있다.

애석하게도 사람에게는 성향이란 것이 있다. 그래서 누구는 액셀러레이터가, 또 누구는 브레이크가 편하다. 그래서 쓸 줄만 아는 사람은 쓰기만 해서 문제가 발생하고, 아끼기만 하는 사람은 적절히 쓰지 못해 정체된다. 한 달에 한 번, 지출 체크를 하는 루틴은 내가 어디에 와 있는지, 지금은 액셀러레이터를 밟을 때인지 브레이크를 밟을 때인지 지도를 보는 것이다. 단순히 내 기분대로 질주하지 않겠다는 다짐이다.

기록이 귀찮은 당신
요즘은 애플리케이션이 다 한다

나는 앞서 지출 체크를 일간 루틴이 아닌 월간 루틴으로 해야 한다고 당부했다. 그 이유는 지출 체크의 포인트가 쓰는 것이 아닌 보는 것에 있기 때문이다. 당연히 월말에 지출 체크를 하기 위해서는 평소에 수입과 지출이 있을 때 이를 기록해 두어야 한다. 그러나 처음 돈 관리를 하는 사람이라면 이 또한 상당히 귀찮은 일로 느껴질 것이다.

포기는 이르다. 최근엔 가계부 애플리케이션이 많이 발전해 손쉽게 수입과 지출을 기록할 수 있기 때문이다.

재테크 루틴의 기적

특히, 요즘은 카드를 통해 대부분 지출이 이루어진다. 카드 결제 알람을 설정해 놓으면 지출이 발생할 때마다 가계부 애플리케이션에 연동된다. 애플리케이션에서 카드 결제 내용을 불러와 금액과 사용처를 자동으로 입력해 주는 것이다.

따라서 사용자는 금액을 따로 입력할 필요가 없다. 구체적으로 어떤 내용의 지출인지, 어떤 분류에 속하는 지출인지만 다듬어 저장해 두면 된다. '일일이 그걸 다 어떻게 기록해?'라는 마음보다는 평소 수입과 지출 데이터를 모아 둔다는 마음으로 접근하면 가계부 쓰기가 좀 더 수월해진다.

가계부 애플리케이션은 각자에게 편한 것을 이용하면 되지만, 나는 상담이나 교육에서 '편한 가계부'라는 애플리케이션을 추천한다. 다른 애플리케이션과 비교해 가계부 본연의 기능에만 집중하고 있고, 각자에 맞는 카테고리로 수정해 사용할 수 있기 때문이다. 월말에 별다른 정리 없이 내 지출 명세를 쉽게 이해하려면 지출을 저장할 때 적절한 카테고리에 맞게 저장해 두는 일이 중요하다.

보통의 가계부 애플리케이션에는 기본적으로 미리 설정된 카테고리들이 있다. 식비, 의류비, 교육비 등이 바로 그것이다.

하지만 이런 분류들은 너무 구체적이라 큰 그림에서 각각의 비용을 평가하기 어렵다. 그래서 카테고리는 내가 왜 이 지출을 사용했는지 그 '목적'에 따라 분류해 두는 편이 좋다. 이 지출을 통해 얻고자 하는 목표와 가치에 따라 지출을 저장해 두면 카테고리별 사용 금액이 적절한지 훨씬 수월하게 판단할 수 있기 때문이다.

어떻게 지출을 분류해야 할지 여전히 알 수 없는 분도 있을 것이다. 그런 분들을 위해 148~151쪽에 1인 가구를 위한 지출 분류와 2인 가구 이상을 위한 지출 분류를 정리해 두었다.

2인 가구 이상과 1인 가구는 지출 관리를 달리해야 한다. 가정의 지출 관리를 할 때 가족이 공동으로 사용하는 공동 비용과 개인이 사용하는 개인 비용으로 나뉘기 때문이다. 예시를 보며 자기 가정에 맞게 활용하기를 권한다.

재테크 루틴의 기적

가계부 애플리케이션 지출 카테고리

← 지출 ☆ 🎤

| 수입 | 지출 | 이체 |

날짜   22/12/10 (토)   14:38   🔁 반복/할부

자산

분류   _____

금액

내용

메모   📷

분류   ✎   ✕

고정비	생활비	활동비	친목비
꾸밈비	기여비	차량비	예비비

이미지 출처: '편한 가계부' 애플리케이션

1인 가구

지출 분류	
고정비	집세, 공과금, 보험료, 후원금 등
	매달 자동 이체로 나가는 고정 비용
생활비	마트에서 장 본 비용, 생활용품, 의료비 등
	필수 생존을 위해 사용한 비용
활동비	취미 활동, 교육비 등
	좀 더 풍요로운 삶을 위해 사용한 비용
친목비	함께 마신 술, 커피나 모임비 등
	사람들과 어울리기 위해 사용한 비용
꾸밈비	의류, 헤어, 잡화 등
	나를 꾸미기 위해 사용한 비용
기여비	친구, 가족 등
	타인에게 이바지하기 위해 사용한 비용
차량비	주유비, 주차비 등
	차를 관리하고 유지하는 비용
예비비	위 분류에 속하지 않으며, 예상치 못하게 발생한 비용

보람 씨의 평균 지출	
고정비	회사 기숙사 거주로 고정비 낮음. 종교비, 통신비 등을 포함해 483,480원
생활비	주된 식비는 회사에서 해결 가능. 배달 음식, 병원비 등을 비롯하여 215,000원
활동비	운동과 상담 등 자기 계발에 비용을 투자하는 편으로 576,500원
친목비	친목 활동을 할 시간이 많지 않으며 가끔 친구를 만나는 비용으로 50,000원
꾸밈비	평소에는 많이 사들이지 않는 편으로, 머리 손질 비용과 의류와 속옷 비용을 포함해 85,000원
기여비	가족들의 생일, 부모님 용돈, 조카 선물 등을 포함해 169,167원
차량비	차는 현재 사용하지 않으므로 0원
예비비	가끔 인테리어 가구 등을 사들이는 비용으로 98,000원
합계	1,677,147원

2인 가구 이상

지출 분류	
고정비	집세, 공과금, 보험료, 가전 렌탈료 등
	매달 자동 이체로 나가는 가정의 고정 비용
생활비	마트에서 장 본 비용, 생활용품, 의료비 등
	가족의 필수 생존을 위해 사용한 비용
활동비	공연, 여행 등
	가족의 풍요로운 삶을 위해 사용한 비용
기여비	친구, 가족 등
	타인에게 이바지하기 위해 사용한 비용
차량비	주유비, 주차비 등
	가족 차를 관리하고 유지하는 비용
예비비	위 분류에 속하지 않으며, 예상치 못하게 발생한 비용
○○ 개인 지출	개인적으로 하는 운동, 친목, 꾸밈 등을 위한 모든 비용
○○ 개인 지출	개인적으로 하는 운동, 친목, 꾸밈 등을 위한 모든 비용
○○ 개인 지출	유치원비, 아이 전집, 장난감 등
	아이에게 들어가는 모든 비용

재테크 루틴의 기적

은빈 씨 가족의 평균 지출		
고정비	공동 비용	관리비, 통신비, 보장성 보험료 등으로 952,709원
생활비		가족들의 식비와 건강 식품 비용, 병원비 등으로 980,000원
활동비		가족이 함께하는 나들이 비용으로 160,000원
기여비		설날, 추석 등 명절에 양가 가족 용돈을 포함해 330,000원
차량비		차 두 대의 유지, 관리 비용으로 609,500원
예비비		예상치 못한 가족의 기타 지출로 158,333원
은빈 지출	개인 비용	144,200원
재호 지출		479,000원
아이 지출		아이 용품과 어린이집 비용을 포함해 370,000원
합계	공동 + 개인	4,183,742원

재테크 월간 루틴
따라 하기

이제 양적 평가, 질적 평가, 감정 평가를 실습해 보자. 각 예시를 보고, 지난달 소비에 세 가지 평가를 실시해 보는 것이다. 평소 가계부를 작성하고 있었다면 그 데이터를 바탕으로 평가하되, 기존에 기록해 둔 게 없다면 일단은 카드 명세서나 송금 애플리케이션에 있는 데이터를 활용하면 된다. 한 번만 양식에 맞게 따라 해 보면, 어떻게 나만의 방식으로 활용할지 감을 잡을 수 있다.

◎ 이번 달의 수지 차를 통해 양적 평가를 해 보세요.

예시

3인 가족 양적 평가			
수입 합계	6,468,000원	대출 상환 합계	1,779,487원
		현재 지출 합계	2,825,813원
		미래 저축 합계	1,150,000원
		지출 합계	5,755,300원
수지 차(수입 합계 – 지출 합계)			712,700원

실습

양적 평가			
수입 합계		대출 상환 합계	
		현재 지출 합계	
		미래 저축 합계	
		지출 합계	
수지 차(수입 합계 – 지출 합계)			

◦ 4장 ◦ 재테크 월간 루틴 한 달에 한 번, 지출 체크

◎ 베스트 지출, 워스트 지출로 질적 평가를 해 보세요.

예시

질적 평가	
이번 달의 나를 행복하게 해 준 베스트 지출	꼭 이번 달에 쓸 필요는 없던 워스트 지출
드디어 아이패드 구매!	지역상품권

실습

질적 평가	
이번 달의 나를 행복하게 해 준 베스트 지출	꼭 이번 달에 쓸 필요는 없던 워스트 지출

◎ 워스트 지출은 왜 생겨났는지 감정 평가를 해 보세요.

예시

감정 평가

상담을 받으며 현재 지출액을 줄이고 싶다는 마음이 크게 들었다.
그래서 지역 시장에서 사용할 수 있는 상품권을 싸게 사서 장 보는
비용을 줄이려고 했다. 그런데 막상 상품권을 구입하고 나니,
동네에서 장을 보는 일이 별로 없었다. 평소엔 일하느라 바빠서 거의
인터넷 쇼핑으로 음식 재료를 샀고, 일부러 동네 시장까지 가서 사들이는
건 무리였다. 빨리 지출을 줄이고 싶은 마음에 크게 생각하지 않고
상품권을 샀는데 활용하지 못해 아쉽다.

실습

감정 평가

• 5장 •

재테크 주간 루틴

한 주에 한 번,
경제 독서

한 주에 한 번은
기본을 쌓아 보자

일 년에 한 번 재무 목표를 세워 보고, 한 달에 한 번 소비 생활을 돌아본다면 가계 경제의 주도권을 단단히 쥐게 된다. 내 돈이 어디로 향해야 할지 방향성을 알고 있고, 실제로 어떻게 움직이는지 파악하고 있기 때문이다. 그러면 그다음은 무엇일까?

일단, 생활 경제 이해도가 높아지면 자연스레 시선이 밖으로 향한다.

'내가 쓴 돈은 어디로 갈까?'

'내가 번 돈은 어디에서 올까?'

이런 일들을 상상하면 타인의, 기업의, 국가의 경제가 궁금해지기 때문이다. 이제는 세상의 돈이 어떻게 움직이는지 알아볼 차례다. 한 주에 한 번은 시간을 내어 경제 도서를 읽어 보자.

재테크를 위해 경제 독서를 하라는 조언은 따로 적기 민망할 정도로 진부한 게 사실이다. 차분히 책을 읽기보단 당장 유용한 정보를 따라가 돈을 벌고 싶은 마음이 굴뚝같기도 하다. 그러나 경제 독서는 성공적 재테크를 위해 피해 갈 수 없는 관문이다. 매일같이 쏟아지는 경제 소식과 정보를 제대로 이해하고, 내게 의미가 있는 정보인지 판별하려면 기초 상식이 필요하기 때문이다.

다들 재테크를 하겠다고 경제 신문을 구독하거나 뉴스를 본 경험이 있을 것이다. 그러나 그렇게 열정적으로 마음먹었던 결심이 꾸준히 지속됐을까? 처음에는 열심히 기사를 읽고 돈이 되는 정보를 찾아보지만, 금세 재미없는 기사가 지겨워진다. 그래서 연예 뉴스로 넘어간 날이 더 많았을 것이다.

나 역시 경제지를 구독했다가 재활용 쓰레기만 늘어난 경험이 있다. 열심히 기사를 읽어 보았지만 무슨 말인지 도통 알 수가 없었다. 무엇보다 재미가 없었다. 금리가 오르거나 내리는 게 왜 그렇게 중요한지, 바다 건너 미국 경제가 나에게 어떤 영향을 미친다는 건지. 도무지 와닿지 않았다.

뉴스 속 이야기들이 남 일처럼 느껴질 때는 성공적으로 재테크를 시작하기 어렵다. 아무리 좋은 정보를 접해도 어떻게 활용해야 할지 알 수 없기 때문이다. 먼저 우리에겐 그 모든 현상과 정보들이 어떤 의미를 갖는지, 왜 중요한지 차근차근 설명해 줄 선생님이 필요하다. 원유 가격이 오르는 게 나랑 무슨 상관인지, 뉴스에 자주 등장하는 연방준비제도가 정확히 무얼 하는 곳인지 기초부터 친절히 설명해 주는 게 경제 도서다. 그래서 귀찮더라도, 힘들더라도 한 주에 한 번은 무거운 몸뚱이를 끌고, 책상 앞으로 가서 지식을 쌓아야 한다.

처음 경제 독서를 시작하면 모르는 내용이 가득하다. 이래서 언제 세상을 이해하나 싶어 한숨이 나오기도 한다.

하지만 1년에서 52주는 적지 않은 횟수다. 처음 방문한 지역은 낯설지만, 52번 방문한 지역은 내 집처럼 익숙해진다. 경제 독서 1회 차에 세상을 바라보는 시선과 52회 차의 시선이 얼마나 다를지 궁금하지 않은가?

재테크 루틴의 기적

영상 시대에 책을 읽는 이유

맛과 영양이 다르다

책 읽기는 가장 진부한 공부 방법이다. 그러나 그 진부한 방법조차 실천하는 사람이 많지 않다. 문체부의 2021년 국민 독서 실태 조사에 따르면, 일 년 동안 성인 한 명이 연간 4.5권의 책을 읽었다고 한다. 일반 도서도 이 정도이니 진입 장벽이 있는 경제 도서로 범위를 좁히면 책을 읽는 사람의 수는 더욱 줄어들 것이다.

그렇다면 사람들은 왜 책을 읽지 않을까? 응답자 대부분이 밝힌 책을 읽지 않는 이유는 다음과 같다.

첫째, 일과 공부 때문에 시간이 없어서.

둘째, 다른 매체의 콘텐츠를 이용해서.

학생이면 학생대로, 직장인이면 직장인대로 한국인들은 과로에 시달린다. 그렇기에 따로 책 읽을 시간이 없다는 첫 번째 이유도 너무나 이해가 간다.

두 번째 이유는 꽤 흥미롭다. 선택할 수 있는 콘텐츠가 점점 다양해지다 보니, 책은 점점 인기가 떨어지는 것이다. 넷＊릭스 헤비 유저인 나도 여행을 떠날 때는 무거운 책보다 영상을 볼 때 쓸 이어폰을 챙긴다. 재미있고 유용한 영상이 넘쳐나는 영상 시대에 경제 독서를 고집하다니, 너무 고루한 방식 아닐까?

경북 포항의 한 초등학교 교사는 읽기 수업을 진행하다가 다음과 같은 질문을 받았다고 한다.

"나 대신 책을 읽어 주는 북튜버 채널도 있고, 글자를 긁으면 알려 주는 펜도 있는데 굳이 왜 내가 직접 읽어야 하나요?"

경제 공부도 마찬가지다. 유튜브에는 경제사, 용어, 재테크 트렌드를 제공하는 영상이 수두룩하게 쌓여 있다. 그런데 왜, 군이, 어렵게, 경제 독서를 해야 하는가?

영상은 정보를 소화하기 쉽도록 잘게 쪼개 만든 이유식과 같다. 하교 후, 퇴근 후 집에 와 아무 기력도 없을 때 편하게 정보를 얻게 해 주는 게 영상이다. 일상에서 글을 쓰는 사람은 많지 않지만, 누구나 대화는 한다. 그래서 말로 설명을 들을 때는 글을 읽는 것보다 받아들이기 쉽다.

반면, 책 읽기는 듣기보다 피곤하다. 글은 펜이 움직이는 대로 완성되지 않는다. 처음에는 머릿속 생각을 자유롭게 늘어놓지만, 그렇게 늘어놓은 단어들을 지우고 쓰고, 옮기고 붙이며 정리된 문장으로 만들어 낸다. 그래서 책을 읽을 때는 다시 완성된 글을 이해하기 쉽도록 쪼개어 소화하는 작업이 필요하다. 즉 책을 이해하려면 단순히 '글자 읽기'를 넘어서서 주어진 문장을 곱씹어 이해하는 '문해력'이 요구된다. 비교하자면 책은 성인들이 씹고 뜯고 맛보아야 하는 일반식이다. 무르고 부드러워 쑥쑥 잘 넘어가는 이유식이 아니다. 책에 있는 내용은 하나하나 떠올리며 이해해야 하고, 소화하는 데 시간이 필요하다. 하지만 시간이 지난다고 금방 배가 꺼지지 않으며 두고두고 기운이 난다.

결국 영상 시대에 경제 독서를 하는 이유는 콘텐츠의 형태에 따라 얻을 수 있는 지식이 다르기 때문이다. 영상과 책은 맛도, 영양도 다르다. 나는 회의 쫄깃한 식감을 사랑하는데, 누군가가 나를 위해 먹기 편하게 갈아 준다면 할 말을 잃을 것이다. 하지만 영상을 보지 말라는 것은 아니다. 영상으로 말랑말랑한 지식을, 책으로 단단한 지식을 섭취하면 된다. 다만, 책을 읽는 시간은 따로 노력하지 않으면 놓치기 쉽기에 루틴으로 만들어 관리하는 것이다.

앞서 이야기한 독서 실태 조사에서, 일 년간 한 권 이상의 책을 읽은 사람은 47.5%로 전체 표본의 절반에도 미치지 못했다. 뻔하고 진부한 독서만으로도 국민의 절반보다 앞설 수 있다는 뜻이다. 이유식이 먹기도, 소화하기도 편하지만, 성장하는 과정에서 우리는 어느 시점이 되면 일반식을 시작한다. 그래야 소화력을 점점 더 키울 수 있을뿐더러 양분이 큰 것도 먹을 수 있기 때문이다. 책 읽기는 분명 힘이 든다. 그리고 바로 그렇기에 힘들인 만큼 온전히 내 것이 된다.

타이머를 켜면
책장이 열린다
제한이 주는 안심

경제 도서를 읽으면 좋다는 것까지는 이해했다. 그래도 읽기 싫다면 어쩜 좋을까? 『아주 작은 습관의 힘』의 저자 제임스 클리어는 이렇게 이야기한다.

'무언가를 새로 시작하고 싶다면, 그것을 실천하기 쉽도록 작게 만들어야 한다고.'

저자는 원래 메이저리그 선수를 꿈꾸었다. 그런데 고등학교 2학년 때 머리에 야구 방망이를 맞는 사건이 발생했다. 당시 그는 3번의 심정지와 혼수 상태를 경험하게 된다. 이후 간신히 의식을 회복하긴 했지만, 그의 시야는 초점이 맞지 않아 흐릿했으며 제대로 걷기도 힘들 정도였다. 누구도 그의 재기를 예상하지 못했다.

놀랍게도 6년이 지난 후 그는 다시 야구를 하고 있었을 뿐 아니라 전미 대학 대표로 뽑히기까지 했다. 그는 그 비결을 아주 작은 습관을 만들고 지키는 것이라고 했다. 특히, 처음 새로운 습관을 들일 때는 그 실행을 2분 이하로 제한해 보라고 추천한다. 2분만 글 써 보기, 2분만 스쾃 하기 등 실행 시간에 제한을 두면 부담을 덜 느끼기 때문이다.

경제 독서도 마찬가지다. 경제 도서를 꾸준히 읽으려면 한 번 실천할 때 부담을 느끼지 않는 게 중요하다. 따라서, 나는 일주일에 한 번, 그것도 20분만 경제 도서를 읽어 보자고 제안한다. 읽고 싶지 않은 책을 천 년, 만 년 읽어야 하는 게 아니라 '딱 20분만 읽자!'라고 다짐하는 것이다. 한 시간도, 두 시간도 아닌 딱 20분. 그 정도라면 인내하고 해낼 수 있지 않을까?

일주일에 한 번은 휴대전화 타이머를 켜고 20분을 설

정한다. 그리고 시작 버튼을 누르면 무조건 20분 동안은 집중해서 내가 정한 경제 도서를 읽는 것이다. 그리고 그 20분만큼은 포기하지도, SNS에 들어가지도 말고 경제 독서에만 집중한다. 나는 그 20분마저도 딴생각이 들 때가 많아 소리를 내서 책을 읽곤 한다. 그러면 생각보다 20분이란 시간이 금세 간다. 경제 도서를 읽는 것이 그렇게 나쁘지만은 않다는 사실도 알게 된다.

타이머가 울리고 정해진 시간이 끝나면 그다음은 자유다. 계속해서 책을 읽어도 좋지만 채워야 할 최소 시간을 채웠으니 오늘은 그만 읽어도 좋다. 20분만 집중하면 된다는 제한을 나에게 주고 이후에는 자유를 허락하는 것이다. 그러면 매주 반복해야 하는 루틴이 무겁지 않다.

어떤 이들에게 20분이란 너무 짧은 시간일지도 모른다. 실제로 20분이란 시간은 꽤 빨리 간다. 그래서 '이 20분만으로 내 삶을 바꿀 수 있을까?', '이 정도로 공부가 되겠어?' 하는 의구심이 들 수도 있다. 사람마다 기준은 다르기에 자기에 맞게 최소 시간을 조정하여 루틴화하면 된다.

내게는 20분이 주간 루틴으로 만들기에 가장 좋았다. 10분은 쉬는 시간이라고 봐도 좋을 정도로 너무 짧은 시간처럼 느껴진다. 반면, 10분을 더 늘려 30분으로 기준을 잡으면 벌써 한 시간의 절반이라는 느낌이 들어 무겁다. 실제로 30분 동안 책을 읽는 것은 20분과 별다르지 않다. 다만 크게 느껴지면 시작하기 어렵기에 자기에게 적절한 시간을 설정하는 것이다.

굳이 제한을 두고 타이머를 설정하는 이유는 책을 읽는 시간이 너무 고통스러워서가 아니다. 책 읽기에 들어가기 전 부담을 덜기 위해서다. 고통스럽지만 해내야 하는 운동, 일, 공부 등은 막상 집중해서 할 때는 그렇게 힘든 일이 아니다. 어쨌거나 사람이 하는 일이고, 시작했으니 해내면 되는 부분이기 때문이다.

하지만 아무리 별것 아닌 일이라도 그것을 하기 전에는 몸을 움직이기 싫다. 관성의 지배를 받는 인간이라 그냥 가만히 있고 싶고, 아무리 작은 것도 실행하고 싶지 않다. 그렇기에 20분이라는 제한을 두고 그 시간만 집중하자고 결심해야 안 그래도 움직이기 싫은 마음을 설득

할 수 있다.

일단 경제 독서를 시작하고 20분간 책을 읽으면 어느 정도 내용에 집중하게 된다. 그리고 아까 나를 방해했던 관성의 힘이 이때 역시 작용해 '조금 더 읽어 볼까?' 하는 관대한 마음이 들기도 한다.

너무 책이 읽기 싫다면 타이머를 켜자. 그리고 루틴에 제한을 두자. 아무리 하기 싫어도, 힘이 들어도 20분 정도는 재테크에 시간을 내줄 수 있을 것이다.

세계관을 알아야 내용을 이해할 수 있다

경제라는 판타지 월드

고등학교 1학년이 마무리되던 그때, 담임 선생님은 작은 쪽지 한 장을 모두에게 나누어 주었다. 2학년 때부터는 본격적으로 문과와 이과가 나뉘니 어느 과로 진학할지 묻는 쪽지였다. 수학이 세상에서 제일 싫었던 나는 한 치의 고민도 없이 문과 칸에 동그라미를 쳤다. 그렇게 내 인생의 방향은 간단하게 정해지고 말았다.

나에게 이과의 영역이란 '하고 싶다'나 '아니다'의 영역이 아닌 '할 수 없다'라는 영역이었다. 그래서 자연스레 이과생들을 보면 조금 위축되기도 했다. '눈에 보이는 무언가'를 만들어 내는 그들이 대단하다고 생각했기 때문이다. 매일 만지는 노트북과 아이패드, 하다못해 화장실 슬리퍼 하나까지도 나는 신기했다. 어떻게 이런 물건이 만들어질 수 있는지 이해할 수 없었다.

최근에는 '눈에 보이는 것'만큼이나 '눈에 보이지 않는 것'을 만드는 일도 대단하다는 생각이 든다. 얼마 전에는 「듄」이라는 영화를 재밌게 보았는데, 「듄」은 10191년을 배경으로 하는 SF 영화다. 이 시대에 인간은 행성 사이를 자유롭게 이동하며, 우주에서 가장 비싼 물질이라는 '스파이스'를 차지하기 위해 전쟁을 벌인다. 실제 8000년 후가 어떨지는 알 수 없지만, 우리는 영화를 보면서 그들이 제시하는 가상 세계에 완전히 빠져든다.

어떻게 다 큰 어른들이 마법과 초능력이 넘쳐나는 SF 영화에 푹 빠져들 수 있을까? 그것은 관객이 멍청하거나 순진해서가 아니다. 작가와 감독이 그러한 상황에 빠져들 수 있는 탄탄한 세계관을 제공하기 때문이다. 스파이스가 비싼 이유는 스파이스가 그 세상에서 노화를 막아 주고, 행성 간 이동을 도와주는 우주선 연료로 쓰이기 때문이다. 인물들은 '아라키스'라는 행성을 차지하고 지키기 위해 싸우는데, 그 이유는 아라키스에서 스파이스를 가장 많이 채취할 수 있기 때문이다.

이처럼 보이지 않는 것을 만들고 공고히 하려면 그것을 뒷받침하는 탄탄한 세계관이 있어야 한다. 그리고 우리가 매일 살아 숨 쉬는 세상의 시스템인 자본주의도 보이지 않지만 존재하는 하나의 세계관이다. 한 달 동안 열심히 일하면 쌀이나 고기를 주는 게 아니라, 월급을 통장에 입금해 준다. 미국 돈과 한국 돈은 환율이라는 거래 비율에 따라 교환한다. 이런 것들이 경제적 세계관 속 규칙들이다. 우리는 어렸을 때부터 이 세상에서 살아왔기에 어떤 규칙들은 너무나 익숙하고 당연하다. 그러나 그동안 직접적으로 경험할 일이 없었던 부분은 전혀 무지하기도 하다.

경제 독서는 그동안 내가 알지 못했던 이 세계관의 규칙과 디테일을 한층 더 깊이 있게 알게 해 주는 루틴이다. 그 루틴을 통해 경제라는 세계관에 어떻게 접근해야

경제 독서는 그동안 내가 알지 못했던
이 세계관의 규칙과 디테일을
한층 더 깊이 있게 알게 해 주는 루틴이다.

하는지, 어떤 행동은 해도 괜찮고 어떤 행동은 하면 위험한지, 이곳 환경과 도구들은 어떤 특징을 가졌는지 배워 간다.

아무리 재미있는 SF 소설이라도 처음 얼마간, 완전히 그 판타지 세계에 젖어 들기 전까지는 재미가 없다. 꾸역꾸역 책장을 넘기며 소설 속 세계관, 익숙하지 않은 도구와 용어들에 적응해야 한다. 그렇게 그 새로운 세상에 빠져들었을 때 들리지 않던 것이 들리고 보이지 않던 것들이 보인다. 주인공이 어떻게 움직일지 궁금하고, 이야기 속 환경과 도구들이 생생하게 다가온다.

경제도 마찬가지다. 세계관 이해가 부족할 때는 아무리 혁신적 사건이 일어나고 톡톡한 정보가 생겨도 그것을 받아들이기 어렵다. 익숙하지 않은 내용이기에 잘 들리지 않고 애써 관심을 가져도 금방 잊어버린다.

경제 독서를 통해 지금껏 도외시한 경제적 세계관을 배워 보자. 매일 반복되어 흑백으로 변해 버린 일상이 다시 무지갯빛을 띠며 살아 움직일 것이다.

> ## 내가 서 있는 땅은
> ## 단단한가?
> ---
> ### 재테크를 하는 이유

자본주의라는 경제적 세계관에서 가장 중요한 부분은 무엇일까? 눈에 보이지도 않는 경제적 세계관을 신뢰하고 살아가려면 우리가 이 세계관 속에서 믿고 사용하는 돈이 일정한 가치를 유지해야 한다.

어제는 분명 5,000원으로 카페라테를 사 먹었는데, 오늘 가 보니 카페라테 한 잔에 10,000원이라면?

일을 해 주고 월급을 받았는데, 더 이상 그 돈을 가게에서 받아 주지 않는다면?

우리가 당연시하고, 암묵적으로 동의해 왔던 삶의 방식들이 한순간에 무너질 것이다.

결국 '눈에 보이지 않는' 경제 시스템을 믿고 살아가려면, 하루하루 우리가 경험하는 물건의 가치, 즉 '물가'가 안정적이어야 한다. 그래서 각국에서 화폐를 발행하고 유통하는 중앙은행의 주된 목표는 물가 안정이다.

물가는 경기 흐름에 따라 오르내림을 반복하며, 어느 정도의 변동은 자연스러운 현상이다. 보통 경기가 좋아 물건과 서비스 수요가 많으면 물가는 올라간다. 반대로, 경기가 나빠 물건과 서비스 수요가 적으면 물가는 내려간다.

사실 물가가 오르고 내리는 현상은 일상적이다. 다만 그 오르내림이 너무 급격하게 일어날 때 문제가 생긴다. 물가가 빠르게 내려갈 때 소비자들의 소비 심리는 위축된다. 조금만 더 기다리면 물건 가격이 더 내려갈 가능성이 보이기 때문이다. 그리고 그렇게 소비를 참고 있기에 경기는 악화되고 물가는 더 빠르게 하락한다. 그래서 정부와 중앙은행은 경기가 나쁠 때 물가가 너무 빠르게 떨어지지 않도록 대응하는 정책을 펼친다.

반대로, 물가가 급격하게 오를 때도 위험은 있다. 경기가 과열되고 물가가 빠르게 오르면 금세 다시 경기가 나빠질 수 있기 때문이다. 물가가 너무 빠르게 오르면 상대적으로 소비자들의 실질 소득은 줄어든다. 같은 200만 원을 월급으로 받아도 사들일 수 있는 물건이 줄어들기 때문이다. 실질 소득 감소로 소비자 구매력이 감소하면, 물건과 서비스 수요가 줄어든다. 힘들게 부양한 경기가 금세 하강 국면으로 바뀌는 것이다. 그래서 정부는 경기가 좋을 때 역시 과열되지 않도록 대응하는 정책을 펼친다.

이처럼 물가가 단기간에 빠르게 상승하는 현상을 '인플레이션', 빠르게 하락하는 현상을 '디플레이션'이라 한다. 인플레이션과 디플레이션은 돈의 가치를 급격하게 변화시킨다는 점에서 우리 세계관 속 지반을 흔드는 사건이다.

단단한 땅 위에 발 디디고 있다는 믿음이 있을 때 우리는 집도 짓고 장기적인 미래 계획도 세울 수 있다.

그런데 단단하다고 생각했던 땅이 갑자기 막 흔들린다면?

밑을 내려다보니 땅이라고 생각했던 것이 스카이워크의 유리판이었다면?

인플레이션이나 디플레이션으로 신뢰했던 돈의 가치가 마구 흔들릴 때 우리는 내가 서 있는 땅이 안전한지, 그것은 정말 땅이 맞았는지 되묻게 된다.

사실 경제적 세계관 속 돈의 가치는 시대와 상황에 따라 어느정도 달라질 수밖에 없다. 그래서 우리는 재테크를 통해 이러한 변동성을 인정하고 대응하려 노력한다. 금리가 높아지고 돈의 가치가 지켜질 때는 안전하고 믿을 만한 것, 예·적금과 채권 등으로 자산을 보호한다. 돈의 가치가 떨어지고 물가가 오를 때는 주식이나 부동산, 금과 은 등의 현물로 가진 것을 이동시켜 자산 가치를 지킨다.

그래서 재테크 세상에 '무조건'은 없다. 무조건 주식이나 부동산이, 또는 무조건 현금이 옳은 게 아니라 내가 지닌 자산과 현재 상황에 따라 판단이 달라져야 하기 때문이다. 내게 정답이었던 주식이 누군가에겐 오답일 수 있고, 누군가의 정답이었던 현금이 내겐 오답일 수 있다. 또한, 내게 맞던 정답도 시간과 상황에 따라 달라진다. '그때는 맞았고, 지금은 틀리다'라는 말처럼 당시에는 맞았지만, 지금은 그렇지 않은 것이 많기 때문이다. 그렇기에 내가 서 있는 땅이 흔들릴 때는 다른 지역으로 이동했다가, 다시 지반이 굳으면 원래 서 있던 곳으로 돌아와야 한다.

이렇듯 재테크를 꾸준히 성공적으로 하려면 내 위치부터 이해해야 한다. 무엇보다 상황에 따른 판단력을 키우는 일이 먼저다. 물론 경제 독서가 무조건 나를 대박으로 데려다 줄 마법의 양탄자는 아니다. 하지만, 지금 내가 어디에 있는지, 땅의 상태는 어떠한지 등을 이해할 수 있는 판단력을 키워준다.

시중에는 트렌드에 따라 재테크 아이템들이 달라진다. 부동산 열기가 뜨거울 때는 경매와 청약 관련 서적이, 4차 산업혁명이 대세일 때는 메타버스와 NFT가, 주식 상승기에는 테마 주와 미국 주식 서적이 깔린다.

요즘 이런 게 유행이니 무조건 그것만 파겠다고 덤벼들지 말자. 눈에 띄는 것들이 무엇인지, 그 뒤의 맥락은 무엇인지 알아보는 자세가 더 필요하다.

경제의 세계에도 계절이 있다
경기의 순환

아직 날이 쌀쌀한 2월, 조만간 다가올 봄을 기대하며 쇼핑에 나섰다. 아직은 패딩과 목도리 차림으로 다녀야 하지만, 날이 조금만 더 풀리면 화사한 색상의 봄옷을 입고 싶기 때문이다. 다들 생각은 비슷한 걸까? 조용하리라 생각했던 아웃렛엔 사람이 가득하고, 가게들도 새 시즌 옷을 잔뜩 내놓았다.

TV나 영화로 LA, 캘리포니아 같은 지역들을 볼 때면 일 년 내내 따뜻하고, 선선한 날씨를 유지하는 곳들에 사는 사람들이 무척 부러웠다. 그러나 사계절이 뚜렷한 나라에서 사는 재미도 분명히 있다.

봄을 기다리며 새 옷 장만하기, 여름 더위를 견디며 시원한 수박 먹기처럼 말이다. 가을이면 잠자고 있던 트렌치코트를 꺼내어 길거리의 모든 이와 옷을 맞춰 입기도 하고, 겨울이면 골목 어귀의 붕어빵집을 찾아다닌다. 이런 일들이 사계절을 즐기는 묘미다.

이와 비슷하게 경제에도 사계절이 존재한다. 경제의 봄인 '회복기', 여름인 '활황기', 가을인 '후퇴기', 겨울인

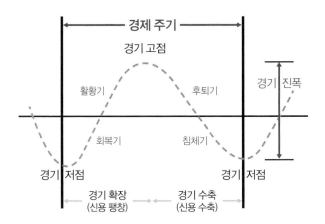

'침체기'가 바로 그것이다. 재테크를 한다는 것은 기본적으로 이런 경제의 주기 변화를 이해하고 이에 맞게 대응한다는 뜻이다.

경제의 봄은 경기가 저점에서 위로 올라가는 회복기다. 봄에 사람들이 움츠러들었던 몸을 펴고 점점 바깥으로 나오듯 경제의 봄에도 집에만 있던 사람들이 슬슬 밖으로 나오고, 떨어질 대로 떨어진 물건 값과 저렴한 서비스를 누리며 점차 소비를 늘려 간다.

경기가 회복기를 지나 온전히 회복했을 때, 여름인 활황기가 찾아온다. 여름은 쨍쨍 내리쬐는 햇볕과 높은 온도가 특징이다. 경제의 여름도 열기가 만만치 않다. 늘어난 수요를 충당하기 위해 사업자는 생산량을 늘리고 고용을 최고조로 유지한다. 지갑이 빵빵해진 소비자들은 새롭게 선반에 늘어선 물건들을 바쁘게 가져와 집 안에 채워 넣는다.

한여름의 태양을 보면 눈을 뜨기가 어려울 정도로 열기가 뜨겁다. 작열하는 태양을 바라보고 있자면 이 더위가 끝날 일이 없을 것 같고, 가을과 겨울은 딴 세상 일처럼 느껴진다. 경제의 여름도 그렇다. 다들 바쁘게 일하고, 소비하고, 빠른 속도로 달릴 때는 언제까지나 이 흐름이 유지될 것만 같다. 그러나 성장하는 시장의 흐름만 믿고 생산량을 무한정 늘리다 보면 수요 이상으로 공급이 많아지는 시점이 도래한다.

당연히 팔리리라 생각한 물건들이 창고에 하나둘 쌓이기 시작하고 재고량이 늘면 가을을 준비할 때다. 경기의 후퇴기가 찾아온 것이다. 끝날 줄 모르고 계속 이어질 듯했던 상승 흐름이 한풀 꺾인다. 다들 옷깃을 세우며 바람을 막는다. 행동도, 생각도 보수적으로 변하는 시기인 셈이다. 사업자들은 만들던 물건과 서비스 양을 줄인다. 소비자들도 신나게 카드를 긁던 예전과 달리 한 번 더 고민하게 된다.

후퇴기가 심화하면 겨울인 침체기로 접어들어 경기는 저점을 향해 달려간다. 찬 바람 부는 겨울처럼 침체기의 시장에서는 누구도 움직일 생각을 하지 않는다. 사업자도 소비자도 조심스레 행동하고, 희망을 품으며 도전하기보다는 주위를 둘러보며 몸을 사린다. 섣불리 행동해

에너지를 소비하기보다는 가만히 봄을 기다리는 편이 더 낫다는 사실을 본능적으로 알기 때문이다.

이렇게 사람이 계절과 날씨를 예측하고 이해하려고 애쓰는 이유가 있다. 봄에는 봄에 걸맞은 옷을 입고 여름엔 여름에 걸맞은 장소에 있기 위해서다. 계절에 맞지 않는 옷을 입었을 때 온종일 얼마나 불편한지, 때에 맞지 않는 장소로 여행을 떠나면 얼마나 삭막하고 볼 게 없는지 우리는 경험을 통해 잘 알고 있다.

그동안 우리는 창밖의 계절에 민감하게 반응하며 살아왔다. 그러나 경제의 계절도 이만큼 주의 깊게 살피고 지냈을까?

계절이 있다는 것은 꽤 주기적이고 예측 가능한 변화의 패턴이 있다는 사실과 같다. 그리고 이는 다가올 날을 적절하게 준비할 수 있도록 해 준다. 지금껏 경제의 사계절 속에 살고 있었다는 사실을 이해하고 나면 우리는 생각에 잠기게 된다.

지금 경제의 계절은 어디에 와 있는가? 그리고 나는 무엇을 해야 하는가?

재테크 루틴의 기적

한 주에 한 번, 경제 독서를 권하는 이유도 여기에 있다. 이를 통해 경제의 사계절을 이해하고 각 계절에 어떻게 행동하는 편이 현명한지 배워 보자.

봄이 오면 잠자고 있던 자산을 어디로 투자하면 좋을지.

여름이 다가오면 어떻게 이 기회를 온전히 잡을 수 있을지.

가을이 오는 신호는 어떻게 파악해야 하는지.

겨울에는 어떻게 있어야 안전한지.

이러한 루틴이 습관으로 변하면 경제의 사계절을 즐기는 나만의 노하우가 차곡차곡 쌓일 것이다.

공허한 마음이 단단함으로

일요일 밤 루틴의 기적

일요일 밤에는 어쩐지 마음이 무겁다. 회사에 나가지 않는 프리랜서인데도 사정은 크게 다르지 않다.

별로 한 것도 없는데 벌써 주말이 저문 듯하다. 내일이면 한 주를 새로 시작해야 한다는 부담감도 밀려온다. 자꾸만 그것이 나를 밑으로, 밑으로 끌어내린다.

'지금이라도 생산적인 뭔가를 해 볼까?'

고민도 해 보지만, 이미 늦은 듯하다. 다음 날 일찍 일어나야 한다는 스트레스 때문에 휴대전화를 부여 잡은

채 보고 또 본 SNS 피드를 밑으로 내리며 시간을 보낸다. 어떤 수단을 써서라도 지금이 일요일 밤이라는, 인정하고 싶지 않은 현실을 잊고 싶다.

무언가를 시작하기도 어렵고, 그렇다고 일찍 하루를 마감하기에도 아쉬운 일요일 밤은 낭비하기 쉬운 시간이다. 그리고 바로 그렇기에, 한 주 20분 경제 독서 루틴을 실천하는 최적의 타이밍은 일요일 밤이라고 나는 생각한다. 다가올 한 주 때문에 생기는 스트레스로 일요일 밤부터 우울하다면, 아예 시간 프레임을 끌고 와 일요일 밤부터 한 주를 시작해 버리는 것이다.

일단, 사회인 대부분이 일요일 저녁에는 일정을 잡아 두지 않는다. 약속이 있더라도 다음 날을 위해 일찍 끝내고 들어오는 일이 많기 때문이다. 또한, 20분 경제 독서는 일요일 저녁에도 실천하기 어렵지 않은 루틴이다. 시간 제한이 분명히 있기에 조금 하기 싫은 마음이 있더라도 몸을 움직여 끝내기 쉽다.

그다지 하고 싶지는 않더라도 마음의 저항을 이기고 20분의 경제 독서를 끝내면 작은 성취감이 찾아온다.

두뇌도 변화를 알아차렸는지 잠자고 있던 머리가 살짝 깨어나는 느낌이 든다. 아무것도 생각하고 싶지 않은 휴식 모드에서 생각이 움직이는 성장 모드로 변화한다. 나의 개인사, 걱정, 여러 가지 잡생각에서 잠깐 시선을 틀어 경제를 공부하는 것만으로도 들끓었던 고민이 잠재워지기도 한다. 일단, 당장 할 수 있는 일들을 해 나가고 있는 자신을 향한 신뢰감과 뿌듯함이 +1만큼 쌓였기 때문이다. 아무것도 하기 싫은 일요일 밤에 무엇인가를 해냈다는 사실이 자랑스럽다. 다가올 다음 주도 잘 해낼 수 있으리라는 자신감 또한 생겨난다.

결국 자신을 어르고 달래며 앞으로 나아가야 할 사람은 자기 자신이다. 나를 어르고 달래는 수단은 무조건적 칭찬과 위로를 뛰어넘어, 실질적으로 배움에 투자하고 공부하는 시간이어야 한다. 어려운 것은 어렵기에 가치가 있고, 그래서 우리를 단단하게 다져 준다.

마음이 심란한 일요일 밤에는 경제 독서를 실천해 보자. 아쉽게 끝나 버린 주말로 공허한 마음에 단단한 지식과 자신감이 차오를 것이다.

재테크 주간 루틴 따라 하기

경제 독서를 따라 하는 방법은 간단하다. 일요일 밤, 타이머 20분을 켜 놓고 무조건 정해 놓은 책을 읽어 나가면 된다. 하루, 이틀 하고 끝낼 것이 아니므로 최고의 책을 찾아 읽어야 한다는 부담감은 내려놓아도 좋다. 무엇이든 마음이 가는 책부터 시작하는 게 중요하다. 쉬는 날 주위의 대형 서점이나 알라딘 중고 서점의 경제·경영 섹션을 돌아보자. 생각보다 초보자를 위한 책이 많이 나와 있다. 취향에 따라 고르되, 어떤 것을 골라야 할지 모르겠다면 일단 경제 부문 베스트 셀러에 있는 책들을 하나씩 읽어 나가도 좋다.

그 많은 책에서 어떤 것을 골라야 할지 여전히 고민되는 이들을 위해 추천 리스트도 공개한다. 경제 독서를 위한 단계별 도서다. 1단계 추천 도서는 아직 책 읽는 습관이 없거나, 경제 도서 읽기가 부담스러운 사람들을 위해 선별했다. 앉은 자리에서 끝까지 가벼운 호흡으로 읽어 나갈 수 있는 도서들이라 편하게 볼 수 있을 것이다.

특히, 롭 무어의 『머니』는 그동안 내가 갖고 있던 돈의 고정 관념을 수정하는 데 도움을 준다. '돈은 더럽다', '부자는 나쁘다'라는 무의식적 편견을 가져서는 돈을 벌수 없다. 미디어에서는 악한 부자, 불행한 부자가 인기 있지만, 돈은 돈이고 행복은 행복이다.

2단계 추천 도서는 본격적으로 경제 지식을 쌓고 싶은 이들을 위해 선별했다. 재테크를 결심하면 당장 따라 해서 수익을 낼 수 있는 재테크 기법들을 배우고 싶은 마음이 굴뚝같을 것이다. 하지만 현재 자본주의가 어떻게 움직이는지, 가까운 미래는 어떻게 변화할 것인지 등등의

재테크 루틴의 기적

인사이트도 없이 수익률 경쟁에서 남들보다 앞서 나가는 일이 생기기란 불가능에 가깝다. 기본 상식은 이해하고 있어야 장기적으로 성공을 거두는 플레이어가 될 수 있다.

2단계 추천 도서 중에는 곽해선의 『경제기사 궁금증 300문 300답』을 특별히 추천하고 싶다. 이 책은 벽돌처럼 두꺼운 외양을 자랑하지만, 그만큼 어디에 물어보기 애매한 기초 내용을 꼼꼼하게 담고 있다. 마치 경제 상식의 교과서 같은 책으로, 꾸준히 업데이트되어 나오고 있다.

3단계 추천 도서는 지금까지 쌓은 기본기를 바탕으로 실전 투자에 도전하고 싶을 때 참고하기 좋다. 사실 3단계부터는 서점에 가서 자기 취향과 관심사에 맞는 재테크 서적을 직접 선택해 읽는 편이 효과적이다. 내 직업, 관심사, 가치관에 맞는 투자 대상을 선정하는 것이 바람직하기 때문이다. 미술품, 금, 주식, 가상 화폐, 부동산, P2P 등 세상에는 투자할 대상이 무궁무진하게 많다. 『부자 아빠 가난한 아빠』의 저자 로버트 기요사키는 무엇보다 자기가 사랑하는 대상에 투자하라고 조언한다. 무조건 한 가지 방법이 최고라 여기기보다는, 여러 분야를 탐색하며 내가 강점을 가질 수 있는 영역이 어디인지 고민해 보는 과정이 필요하다.

엄선된 도서를 먼저 읽고 싶은 이들을 위해 3단계 추천 도서 또한 정리해 두었다. 다만, 개별 주식을 선정해 투자하는 방법을 다룬 도서들은 제외했다.

나는 재테크 입문자가 오를 만한 종목들을 매번 성공적으로 골라 투자할 수 있다는 의견에 회의적이다. 이는 입문자를 무시하기 때문이 아니다. 주식 시장은 경제 전문가들도 이해하기 어려울 정도로 복합적 요소들이 관여하는 불규칙적 환경이기 때문이다.

처음 투자를 시작한다면 수익성을 조금 내려놓더라도 보수적으로 접근할 수 있는 투자 방법들을 추천한다. 3단계 추천 도서 중에는 김얀의 『돈독한 트레이닝』을 추천한다. 이 책은 한 가지 투자 방법을 권하기보다는 저자와 저자의 돈 친구들이 투자해 본 다양한 돈 굴리기 방법이 나와 있다. 따라서, 넓고 얕게 이런저런 투자 방법을 엿볼 수 있다.

단계별 경제 도서 추천 리스트

1단계

평소에 책을 거의 읽지 않아요.
어려운 내용보단 돈 공부를 하기 위한 동기 부여가 필요해요.

『머니』 롭 무어

『돈 문제부터 해결하라』 리아원
『돈의 흐름을 읽는 습관』 차칸양(양재우)
『부의 추월차선』 엠제이 드마코

2단계

의지는 불타올랐어요.
경제 전반의 기초 상식을 쌓고 싶어요.

『경제기사 궁금증 300문 300답』 곽해선

『EBS 다큐프라임 자본주의』 정지은, 고희정
『생각에 관한 생각』 대니얼 카너먼
『집값의 거짓말』 김원장

3단계

이제 기본은 이해한 것 같아요.
실전 재테크를 위한 기술들을 배우고 싶어요.

『돈독한 트레이닝』 김얀

『빅 스텝』 박혜정
『마법의 돈 굴리기』 김성일
『공공주택으로 난생처음 내 집 마련』 김상암

• 6장 •

재테크 일간 루틴

하루에 한 번,
경제 일기

하루에 한 번은
바깥을 관찰하자

카페에서 원고를 쓰는 평일 오후, 엄마와 함께 온 꼬마 아이가 신기한 듯 이곳저곳을 둘러본다. 카페 안으로 들어오는 햇살도, 투박한 나무 의자와 테이블도, 그 한쪽에서 글을 쓰고 있는 나 역시 아이에게는 그저 새롭다. 카페 한쪽 구석의 아이템을 보며 까르르 웃었다가, 무언가를 떨어트려 금세 울기도 한다. 반면 내게는 햇살도, 공간도, 사람도 놀랍지 않다. 사소한 것에도 호들갑을 떨었던 아이는 언젠가는 어느 것에도 놀라지 않는 어른이 되리라. 조금 슬프지만 그러한 아이의 성장이 나쁘기만 한 것은 아니다.

성인이 된 나는 작은 것에 기뻐하는 감성이 사라졌다. 대신 나는 과거의 경험을 통해 능숙하게 일과를 처리할 줄 안다. 매일의 경험을 통해 나에게 부족한 부분을 발견하고 보완하면서, 비슷한 일이 생겼을 때 어떻게 대처할지 배웠기 때문이다. 이처럼 경험치는 시간이 주는 공짜 선물이 아닌, 훈련을 통해 습득되는 자질이다.

많은 사람이 경제라는 키워드만 들으면 금세 자신감을 잃어버리는 이유도 이와 같다. 우리가 경제적 변화에 어떻게 대처해야 할지 모르는 이유는 바로 이런 일들에 어떻게 대처하면 좋을지 아직 경험치를 쌓지 못했기 때문이다. 물론, 지금껏 살아오면서 항상 경제적 사건은 벌어지고 있었다. 그러나 그것에 주목하지 않았기에 배울 기회도 없었을 뿐이다.

이번 장에서 말할 재테크 일간 루틴으로 현재 발생하는 경제적 이슈들을 관찰하며 경제 경험치를 쌓기를 추천한다. 하루에 한 번은 경제 뉴스를 통해 바깥을 관찰한

재테크 루틴의 기적

뒤 나만의 언어로 그날의 이슈를 정리해 보는 것이다. 『돈의 흐름을 읽는 습관』의 저자이자 나의 돈 선생님인 차칸양은 이를 경제 일기라고 부른다. 그리고 기본기를 쌓는 가장 효과적인 방법이라 강조한다.

경제 일기를 통해 하루 동안의 경제 이슈를 정리하는 루틴은 그날 하루를 그냥 넘기지 않겠다는 결심이다. 눈으로, 귀로 흘려 버린 사건들을 붙잡고 그중 가장 중요한 것을 기록으로 남긴다. 그럴 때 그냥 지나갈 수 있었던 사건과 통찰은 공기 중으로 흩어지지 않고 내 곁에 견고하게 남는다. 그리고 그 하루하루가 모여 미래에 비슷한 사건이 생겼을 때 어떻게 대처해야 할지 알게 된다.

미사일이 날아가고 전쟁이 터지면 오일과 금 가격이 오르는구나.

지정학적 갈등이 생기고 변동성이 높아지면 주가가 하락하는구나.

이런 생각을 하다 보면 어제까지만 해도 똑같던 세상이 다르게 보인다. 그리고 같은 사건을 겪어도 사람들이 다르게 대처한다는 사실도 깨닫는다.

어떤 이들은 불확실성을 걱정해 주식 대신 안전 자산으로 내 자산을 재배치하고, 또 어떤 이들은 지금이 기회라는 생각으로 다시 주식을 매입한다.

나는 어느 쪽일까?

나는 어떤 쪽이 더 현명하다고 생각하는가?

이렇게 스스로 시나리오를 짜 보고 시간이 흐른 뒤 나의 평가를 다시 돌아보는 루틴을 반복하는 것이다.

경제 일기는 '이걸로 뭐가 달라지겠어' 싶을 만큼 사소하고 간단하다. 하지만 아무리 작은 펀치라고 할지라도 한 대를 때리는 것과 365대를 때리는 건 다르다. 눈으로 기사를 읽을 때는 시간이 지나도 공부가 되는지, 잘하고 있는지 의구심이 들 때가 많다. 하지만 경제 일기를 통해 매일 공부한 흔적을 쌓아 나가면 나도 모르게 파악하는 점이 늘고 있음이 보인다.

가볍고 빠른 잽을 통해 상대방을 현혹할 수 있어야 강력한 타격의 기회를 잡을 수 있다. 재테크도 그렇다. 매일의 작은 잽을 통해 현재 상황을 정확하게 파악하는 사람만이 흔들리지 않는 강력한 결정을 내릴 수 있다.

경제가 궁금하면 미국을 본다

뉴욕 마감 기사 읽기

한 줄 일기를 쓰기로 마음먹었다. 포털 사이트의 뉴스 화면을 켜니 수없이 많은 경제 기사가 줄을 잇는다. 이 많은 기사 중 어떤 게 중요한 거지?

다시 한 번 동공이 흔들린다. 다다익선이라고 가능한 한 세상의 소식을 많이 접하는 편이 좋다는 건 누구나 알고 있다. 하지만 그 모든 기사를 다 읽고 넘어가려면 시간이 한도 끝도 없이 들어간다.

과거 시사 상식을 키우겠다고 종이 신문을 구독한 적

이 있는데, 중요한 기사만 읽어도 한 시간이 훌쩍 넘어 갔다. 아마 종이 신문의 모든 기사를 읽었다면 오전 한나 절은 뉴스를 위해 꼬박 바쳐야 할 것이다. 하지만 우리는 돈을 벌어야 하는 생활인이다. 온종일 뉴스만 읽으며 시 간을 보낼 수는 없다. 데일리 루틴으로 매일 읽을 기사는 간단해야 한다. 그러면서도 놓치면 안 되는 핵심을 담고 있어야 한다. 따라서 한 줄 일기를 위한 기사는 하루 동 안 미국 경제에서 일어난 일들을 정리해 주는 뉴욕 마감 기사를 추천한다.

뉴욕 마감 기사는 그 전날 뉴욕 증시에서 일어난 일들 을 간략하게 소개해 주는 뉴스 기사다. 네이버 금융의 뉴 스 섹션에서 주요 뉴스를 클릭하면, 수많은 뉴스 기사 중 에 더 중요하게 엄선한 기사들이 있다. 외환 브리핑, 일 일 펀드 동향, 아시아 오전 등의 뉴스 가운데 [뉴욕 마 감] 타이틀을 붙이고 있는 기사가 우리가 찾는 기사다.

그런데 왜 하필 꼭 읽어야 하는 기사가 우리나라 소식 도 아닌 미국의 경제 소식일까?

그것은 세계에서 가장 큰 경제력을 행사하는 나라가

미국이고, 세계 경제에서 기본이 되는 화폐 역시 미국 달러이기 때문이다. 서로 관련 있는 요소들이 비슷한 흐름을 보이는 걸 '커플링'이라고 하는데, 미국 경제에 일어나는 일은 우리나라 경제 상황에 직접적으로 영향을 미친다.

제한된 시간에 문제의 핵심을 파악하기 위해서는 문제의 뿌리이자 시작점이 무엇인지 찾아야 한다. 그리고 세계 경제라는 판에서는 그 뿌리 역할을 하는 나라가 미국이기에, 거시 경제를 파악하려면 미국 뉴스를 읽어야 한다. 가능한 한 더 많은 것을 보고 들을 수 있으면 좋겠지만, 그게 어려운 날들도 있다. 그런 날에는 최소한 가장 영향력이 큰 경제의 근원지에서 무슨 일이 일어났는지 먼저 파악하고 넘어가야 한다.

학창 시절 체육 시간에 선생님은 꼭 중앙의 한 아이를 뽑아 기준으로 세웠다. 한 명을 지정해 기준으로 지정하면, 그 아이는 목소리가 쩌렁쩌렁하게 "기준!"을 외친다. 그러면 주위 아이들은 그 기준이 되는 아이에 맞춰 줄 간격을 조정한다. 내가 얼마나 잘났는지, 못났는지는 상관

없다. 기준이 있으면 기준에 맞춰야 수업이 문제없이 흘러간다.

세계 경제에서 미국은 체육 시간의 기준점과 같다. 좋든 싫든, 주변 국가들은 미국 경제가 어떻게 흘러가는지에 따라 영향을 받기에, 미국의 변화를 지켜보며 대응해야 한다. 하루에 한 번, 뉴욕 마감 기사를 읽는 것은 기준을 쳐다보는 일이다. 전체를 파악할 시간이 없다면 기준을 찾고 살피는 게 가장 효율적인 방법이다.

우선, 그날의 기사를 읽으며 기억에 남는 부분을 세 문장 정도로 기록해 보면 어떨까? 처음에는 기사 내용을 전부 이해해야 할 필요도, 중요한 것과 그렇지 않은 것을 정확하게 가려낼 필요도 없다. 그저 내게 중요하게 와닿는 내용을 세 문장 정도로 요약하여 작성하면 된다.

오른쪽 표는 내가 기록했던 기사 요약 예시다. 예시를 참고하여, 경제 일기 쓰기에 도전해 보자.

날짜와 요일	기사 요약
3월 23일 수요일	금리 인상 가속 전망에 채권에서 주식으로 몰리고 있음. 금리 인상이 실적에 연동되는 금융주 강세. 미국 주식이 바닥을 찍고 올라올 가능성 있음.
3월 24일 목요일	국제 유가가 오르며 인플레이션 우려 다시 증가. 러시아산 에너지에 추가 제재 가능성 때문. 목요일 브뤼셀 대담에서 제재 논의.
3월 25일 금요일	미 실업 급여 신청 건수가 최저로, 경기 회복 기대감 큼. 반도체주 일제 강세. 하지만 월가 시각은 엇갈림.
3월 28일 월요일	주식 대체 투자처 마땅히 없어 주식 상승. 성장할 거란 믿음 무너지지 않았음. 국채 금리 2.5% 돌파함.
3월 29일 화요일	테슬라 주식 분할로 가격 낮아질 것. 이것으로 두 번째 주식 분할이며, 가격 상승이 예상됨. 어떤 이들은 이 주식 분할이 테슬라의 거품을 키울 것이라 이야기함.

반복하면 알게 된다

경제 용어 이해하기

매일 경제 일기를 쓰다 보면, 이 루틴이 생각보다 지루해진다. 일기를 통해 매일 창문 바깥의 경제 풍경을 바라보는데, 생각보다 창밖 풍경이 금방 변하지 않기 때문이다. 특수한 때가 아니면 하루 만에 바깥 상황이 급격하게 바뀌는 일은 드물다. 어제 하던 얘기가 오늘도 나오고, 오늘 나온 얘기가 내일도 나온다. 때로는 같은 이슈를 두고 몇 달간 눈치 게임을 벌이기도 한다. 그래서 매일 같은 풍경을 바라보는 듯 지루하고 지겨운 느낌이 든다.

하지만 경제 뉴스들이 지겹고 지루해지는 만큼 우리는 바깥 상황에 익숙해지고 있다. 그 시기에 배워야 할 것들도 천천히 익히게 된다. 비슷한 것을 반복하다 보면 노력하지 않아도 맥락이 보이고, 들리지 않았던 용어들이 들린다. 특히, 새로운 분야를 학습할 때 그 분야에서 쓰는 용어를 이해하는 것은 기본 중의 기본이다. 먼저 공통으로 쓰는 용어들을 인지하고 있어야 그다음 논의가 가능하기 때문이다.

일단 재료가 많아야 그것을 통해 많은 것을 만들 수 있다. 경제 일기를 쓰다 보면 매일 반복적으로 나타나는 용어들을 자연스레 학습하게 된다. 이제 뒷장에서 1월의 뉴욕 마감 기사 일부를 살펴보자.

'3월 금리 인상' 예고에 투심 흔들…
'변동성 확대' [뉴욕 마감]

뉴욕 증시가 금리 인상 공식화에 혼조세로 마감했다. 이날 1월 연방공개시장위원회(FOMC) 정례 회의 후 기자 회견에서 미국 경제에 악영향을 미치기 전에 금리를 인상할 여지가 충분하다는 의견을 제시한 제롬 파월 연방준비제도(연준, Fed) 의장의 매파적 발언에 시장이 흔들렸다.

이날 연준은 이틀간의 연방공개시장위원회(FOMC) 정례 회의 후 작성한 성명서를 통해 "인플레이션이 2%를 훌쩍 넘어섰고 노동 시장이 강세를 보이는 상황에서, FOMC는 조만간 연방기금금리의 목표 범위를 상향하는 것이 적절할 것으로 기대한다"고 밝혔다.

재테크 루틴의 기적

'변동성' 커진 美 증시…
넷플릭스 7% ↑ 테슬라 11% ↓ [뉴욕 마감]

"연준, 금리 인상 진지하게 고려."

이날 시장은 전날 연방준비제도(연준, Fed)의 메시지에 고민하는 모습을 보였다. 전날 연준은 2018년 말 이후 첫 금리 인상이 빠르면 3월에 이뤄질 수 있음을 강하게 시사했다. 제롬 파월 연준 의장은 "고용에 부정적 영향을 주기 전에 금리를 올릴 여지가 좀 있다"라고 말했다.

세븐 리포트의 톰 에세이 창업자는 "전날 연방공개시장위원회(FOMC)의 결정 및 파월 연준 의장의 기자회견은 시장에 긍정적이기도, 부정적이기도 했지만 결국 우리가 알고 있는 내용을 보강했다"라고 말했다. 그는 "연준은 금리 인상을 진지하게 생각하고 있으며, 이는 계속 유지될 것"이라고 진단했다.

당시 주된 이슈는 '올해 금리가 어떻게 될 것인가'였다. 전년부터 물가가 급격히 오르는 인플레이션을 우려하는 목소리가 있었기에 신년에는 금리가 올라 물가 상승을 저지하는 움직임이 있을지 궁금한 것이다. 각국의 중앙은행은 기준 금리를 정해 금리 수준을 결정하는데, 이 기준 금리는 기축 통화 국가인 미국 금리를 고려하여 결정된다. 따라서 미국의 기준 금리 현황과 전망은 전 세계적으로 중요한 문제다.

1월 말 뉴욕 마감 기사의 주된 이슈는 '올해 첫 번째로 열리는 연방공개시장위원회(FOMC)가 금리에 어떤 태도를 보일 것인가'였다. 미국 금리는 연방준비제도가 연방공개시장위원회(FOMC)라는 정례 회의를 개최해 의논하고 결정한다. 금리는 경제 전반의 가장 중요한 문제라고 볼 수 있어 FOMC 정례 회의가 있을 때마다 중요하게 다뤄진다.

처음에는 '연방준비제도, FOMC' 같은 용어들이 익숙하지 않기에 내용이 눈에 잘 들어오지 않는다. 그러나 기사에서 워낙 반복적으로 나오다 보니 매일 기사를 정

재테크 루틴의 기적

리하다 보면 '연방준비제도에서 금리를 결정하는구나', '그 금리를 의논하고 결정하는 게 FOMC라는 연방공개시장위원회구나', '연준의 의장은 제롬 파월이구나' 등을 습득하게 된다.

기본 내용은 이해를 돕도록 기사에서 많이 설명해 줄 뿐만 아니라, 따로 나오지 않는 낯선 용어들은 그때그때 찾아보며 공부할 수 있다. '매파적 반응'을 보였다는 게 무슨 뜻일까? 궁금증이 들면 바로 찾아보고 '금리 인상을 강경하게 주장하는 쪽을 매파적이라고 표현하는구나'라고 이해하는 것이다.

시중에는 이미 꼭 알아야 할 경제 용어나 단어들을 모아 친절하게 설명해 주는 서적이 많다. 나 역시 경제 상식을 단숨에 높이기 위해 그런 책들을 시도해 보았지만, 마치 시험 공부를 하는 듯한 느낌에 책 내용이 머릿속에 잘 들어오지 않았다. 한꺼번에 모르는 용어들을 다 배우려 하니 뇌에 과부하가 오기도 했다. 하지만 기사를 통해 모르는 용어를 한두 개씩 알아 가면 부담스럽지 않다. 맥락 속에서 단어를 배우니 기억에 오래 남고, 까먹으면 다음에 나왔을 때 다시 기억하면 된다.

학창 시절에도 영어를 공부할 때 지문을 읽으며 모르는 단어들로 나만의 단어장을 만들지 않는가. 나 또한 그랬고, 매일 가지고 다니며 쓰고 지우기를 반복해 단어장은 너덜너덜했다. 그래도 내 영어 실력을 책임져 주었던 것은 전문가들이 만든 반짝반짝한 필수 영단어집이 아니었다. 그때그때 품을 들여 만들어 갔던 나만의 단어장이었다.

시세를 아는 자가 위너다

증감을 확인하기

'**버스비가** 얼마인지 아십니까?'

선거철이 되면 뭇 정치인들이 서민 물가에 얼마나 무지한지 종종 대서특필된다. 서민들이 자주 사용하는 물품들을 구매한 경험이 없으면, 누군가에게는 너무 쉬운 질문도 고난도 질문이 되어 버리는 것이다. 당연히도, 시민 대부분은 현실을 전혀 모르는 사람이 우리 삶을 개선할 정책을 내놓으리란 기대를 하지 않는다.

물가라는 것은 단순하지만, 매번 접하는 사람이 아니

면 무감각해지기 쉽다. 예를 들어 배춧값이 너무 올라 금 추가 되었다는 소식은 배추로 겉절이라도 담가 본 사람만이 이해할 수 있다. 나 역시 살림 경력이 많지 않아 장을 볼 때 이 채소가 비싼지, 싼지 감이 오지 않았다.

그러다 보니 독립 초반에는 정말 잡히면 잡히는 대로, 보이면 보이는 대로 장바구니에 담았다. 아무 생각 없이 먹고 싶은 것을 다 담다 보면 장바구니값도 고공행진을 했다. 그렇게 마구잡이로 담으면 돈이 많이 든다는 것을 몇 차례나 경험한 후에야 나는 어느 정도가 적절한 쇼핑 양이고 금액인지를 체득하게 되었다.

투자 역시 버스비를 아는 것, 식료품값을 아는 것과 크게 다르지 않다. 투자에 성공하려면 내가 투자하고자 하는 대상을 싸게 사서 비싸게 팔아야 하기 때문이다. 그런데 경제에 막 입문한 사람이 현재 주식이 저렴한지 비싼지, 금값이 싼지 비싼지 제대로 알 수 있을까? 그렇지 않다.

싼 게 얼마인지, 비싼 게 얼마인지를 모르면 당연히 싸게 사서 비싸게 팔 수 없다. '싸다, 비싸다'라는 감이 없는 초보 거래자는 시장의 먹잇감이 될 뿐이다. 그러니 재테크 기본기를 쌓기 위해서는 매일 거래하는 투자자는 되지 못해도, 오늘의 가격이 얼마인지는 아는 사람이 되어야 한다.

시장 상황과 시세를 파악하려면 시중에 나와 있는 경제 지표를 활용해야 한다. 경제 지표란 경제 활동 상태를 알아내기 위해 특정 경제 상황을 지표로 나타낸 것이다.

경제 일기의 시작으로 뉴욕 마감 기사를 요약했다면, 그날의 경제 지표도 함께 기록해 보자. 매일의 경제 지표를 기록해 두면 자연스럽게 어제 지수와 오늘 지수를, 지난주 지수와 이번 주 지수를 비교할 수 있다. 그러면 자연스럽게 시장의 등락을 체감할 수 있다.

시중에서 사용되는 경제 지표는 매우 다양하다. 사람마다 중시하는 경제 지표도 다르다. 다양한 지표 중 가장 기본이 되는 것은 다음 여섯 가지다.

- 코스피
- 다우존스
- 환율
- 유가(WTI)
- 미국 기준 금리
- 한국 기준 금리

코스피는 국내 유가 증권 시장의 주가 변동을 보여 주는 대표적 국내 경기 지표다. 다우존스는 미국 다우존스 사가 미국의 대표 우량주로 산출하는 미국의 주가 지수다. 이 두 가지 지수를 통해 국내와 미국의 주식 시장 동향을 살펴볼 수 있다.

또한, 우리나라는 수입과 수출이 활발하기에 환율 등락이 국내 경제에 큰 영향을 미친다. 환율은 국가 간 돈을 교환할 때 그 비율을 말하는데, 여기서는 달러와 원의 교환 비율을 의미한다. 환율이 오르고, 원화 가치가 떨어지면 국내에서 거래되는 수입품 가격이 오를 수밖에 없다.

원유는 휘발유뿐 아니라 의류나 칫솔 같은 생활 소모품을 만드는 원자재로 널리 쓰인다. 우리나라는 원유 전

량을 수입한다. 그 때문에 제품의 원자재인 원유 가격이 오르면 다른 완제품 가격도 올라 물가가 뛴다. 원유는 생산지에 따라 서부 텍사스유, 브렌트유, 두바이유로 분류되는데 이 중 우리나라에서 주로 참고하는 서부 텍사스유(WTI)를 기준으로 유가를 관찰하면 된다.

기준 금리는 각국에서 결정하는, 국가의 기준이 되는 금리 수준을 말한다. 기준 금리가 오르는지 내리는지에 따라 시중에 유통되는 통화량이 줄거나 늘어난다. 시중에서 유통되는 통화량은 경제 활동 양상에 큰 영향을 미치므로 평소에 관심을 가지고 살펴야 한다.

네이버 증권의 국내 섹션에서 전날 코스피 종가를, 국외 섹션에서 다우지수 종가를 확인할 수 있다. 또한, 시장 지표 섹션에는 전날 환율 종가와 유가(WTI) 종가가 올라간다. 미국과 한국의 기준 금리는 포털 사이트 검색창에서 검색하면 바로 알 수 있다.

경제 지표를 기록하다 보면 어제와 오늘, 오늘과 내일의 지수가 비슷하기에 이걸 매일 기록해 봤자 무슨 소용인가 싶다. 그러나 매일 똑같을 듯한 수치도 꾸준히 기록하다 보면 변동 추세가 보인다. 서서히 가격이 오르거나 내리는 것이 느껴지고, 어느 정도면 높은지, 어느 정도면 낮은지 감이 생긴다.

오른쪽 표는 한 줄 일기를 통해 유가를 기록한 예시다. 1월 중반의 유가 지수는 83에서 시작했다. 80~90을 유지하던 유가는 2월에 접어들어 우크라이나와 러시아 사이의 갈등이 고조되면서 급등세를 탔고 3월에는 100 이상을 웃돌았다. 이때는 너무 높아진 유가로 차 끌고 다니기 무섭다는 볼멘소리가 종종 들렸다.

이처럼 매일 경제 지표를 기록해 두면 단순히 눈으로만 확인할 때보다 현재 상황을 분명하게 파악할 수 있다. 가격을 아는 일은 재테크의 기본이다. 그리고 가격을 아는 자만이 투자라는 게임에서 이길 수 있다.

재테크 루틴의 기적

날짜	유가 지수(전날 종가)
1월 17일 월요일	83
1월 18일 화요일	83
1월 19일 수요일	85
1월 20일 목요일	86
…	
…	
2월 11일 금요일	89
2월 14일 월요일	93
2월 15일 화요일	95
2월 16일 수요일	92
…	
…	
3월 21일 월요일	104
3월 22일 화요일	109
3월 23일 수요일	109
3월 24일 목요일	114

투자를 꼭 해야 할까?
당신은 이미 뛰고 있다

친구 영은 씨는 '캐시플로우 서울'이라는 게임 모임을 운영하고 있다. 캐시플로우는 『부자 아빠 가난한 아빠』를 쓴 로버트 기요사키가 만든 경제 게임이다. 현실 세계를 모델로 하여 제작한 이 게임에는 열심히 자기 삶을 꾸려 가는 쥐들이 경제적 자유를 이루기 위해 레이스에 참여한다.

처음 게임을 시작하면 플레이어는 자기가 추후 경제적 자유를 통해 이루고 싶은 꿈과 현실의 직업을 정한다.

재테크 루틴의 기적

그리고 자기 직업에 맞게 수입과 지출, 자산과 부채를 재무제표에 정리한다. 게임에서는 직업별로 가상 소득과 지출 현황을 제공하고 있다. 그래서 플레이어는 자기 직업에 따라 소득과 지출, 자산과 부채를 정리할 수 있다.

어떤 직업을 갖게 되든, 시작 지점에서 플레이어들의 자산 소득은 모두 0이다. 근로 소득을 통해서만 수입이 발생하는 상황에서 시작하는 것이다. 게임에 참여하면 여러 가지 경제적 기회가 오는데, 이때 기회를 잡을지 말지 결정해야 한다. 이렇게 게임을 진행하다가 결과적으로 한 달 자산 소득이 한 달 지출을 초과하면, 경제적 자유를 이룬다. 그러면 플레이어는 레이스에서 탈출할 수 있다.

영은 씨의 초대로 이 게임에 처음 참여했을 때 나는 놀라움을 감출 수 없었다. 웬만한 경제 교육 뺨 칠 정도로 많은 교육적 요소가 게임 속에 촘촘하게 반영되어 있었기 때문이다. 특히, 이 게임의 백미는 거래다. 주사위를 돌려 거래 카드가 걸리면 거래 카드를 하나 뒤집을 수 있다.

거래 카드에는 주식, 부동산, 사업체 운영 등의 거래 조건이 나열되어 있고 플레이어는 이 거래에 뛰어들지 말지를 결정해야 한다.

공격적 투자 성향의 영은 씨는 이 게임을 하며 인내심을 배웠다고 한다. 매번 거래 카드가 등장할 때마다 거래에 뛰어들었더니 파산을 면치 못했기 때문이다. 평소 현실에서도 영은 씨는 부동산에 관심이 많아, 좋은 매물이 나올 때면 가슴이 두근거리곤 했다. 하지만 이제 그녀는 모든 기회가 나의 기회는 아니라는 점을 인지하며 기다리는 법을 알게 되었다.

반면, 보수적 투자 성향의 나는 이 게임을 통해 모험심을 배웠다. 나는 투자로 돈을 잃는 게 끔찍하게 싫다. 그래서 평소 새로운 투자 상품을 미심쩍게 바라보고, 가능한 한 부동의 자세를 지킨다. 하지만 게임에서는 조금 더 과감해질 수 있었다. 내 경제 상황에 기반해 감당할 수 있는 리스크를 부담하니, 레이스에서 탈출하는 속도가 빨라졌다. 나는 생각보다 과감한 사람이라는 것, 가만히 있는 것도 또 다른 리스크라는 사실을 게임을 통해 확실하게 배웠다.

평소 교육이나 상담을 하면 투자를 해야 하느냐는 질문을 자주 받는다. 여기에서 투자란 보통 주식이나 코인, 부동산 등을 말할 것이다. 최근 몇 년간 국내에도 투자 바람이 불면서 마치 투자를 하지 않으면 바보인 것처럼 느껴지는 분위기도 생긴 듯하다. 하지만 나는 단순히 주식이나 부동산을 가지면 투자자, 현금을 가지면 비투자자라고 생각하지 않는다.

재테크란 단순히 어떤 상품에 투자하고 있다기보다는 내 자산을 어떤 형태로 유지할 때 가장 도움이 될지에 분별력을 발휘하는 것이기 때문이다. 현금은 그 나름의 장단점을 가졌다. 그리고 다른 투자 자산은 또 그것만의 장단점을 갖고 있다.

나의 상황을 객관적으로 판단하여 거래 기회를 거절하고, 현금 보유를 선택하는 사람은 투자자다. 반면, 아무리 화려한 투자 상품에 투자한다 해도 분위기에 휩쓸려 자기 상황에 맞지 않은 결정을 내리는 사람은 투자자가 아니다. 결국, 중요한 것은 무엇에 투자하고 있느냐가

결국 중요한 것은
무엇에 투자하고 있느냐가 아니라
'그 결정에 어떻게 도달했는가'다.

아니라 '그 결정에 어떻게 도달했는가'다.

얼마 전 상담을 받았던 태림 씨는 어떻게 돈을 모으면 좋을지 고민하고 있었다. 예·적금을 위주로 돈을 모으니 주위 친구들이 안타까운 시선으로 그를 바라보았기 때문이다. 시대가 바뀐 만큼 좋은 상품에 적절히 투자할 수 있다면 더할 나위 없다. 그러나 현실적으로 그는 곧 그만의 가게 창업을 앞두고 있었다. 따로 재테크에 쓸 시간도, 돈도 없는 상황이었다.

슈퍼맨이 되어 이것도, 저것도 다 잘할 수 있다면 얼마나 좋을까? 그러나 물리적 제약을 지닌 평범한 인간에게 더 중요한 기술은 선택과 집중이다. 한 분야에 유능해지려면 다른 분야에서 다소 무능해지는 것을 감수해야 한다. 나의 상황과 의지를 종합적으로 고려하여 투자 결정을 할 때 후회 없이 재테크에 성공할 수 있다.

그래서 투자를 시작해야 하냐고 묻는 질문자들에게는 이렇게 대답한다. 당신은 이미 투자의 레이스 안에 있다고. 우리가 인지하든 못 하든 우리는 레이스 안을 달리고 있는 한 명의 플레이어라고 말이다. 그리고 이 순간 적절한 질문은, 투자할지 말지가 아니다. 지금 내가 선택한 경주 방식이 내 상황에 적절한지부터 확인해야 한다.

경제 날씨를 확인하는 습관
하루를 시작하는 방법

우리 집 현관문에는 '날씨 확인하기'라고 적힌 포스트잇이 하나 붙어 있다. 본가에 살 때는 굳이 날씨를 확인하지 않아도 부모님이 비오는 날이면 우산을 챙겨 주셨다. 그래서 내게는 따로 날씨를 확인하는 습관이 없었다. 그 탓에 독립을 한 이래로 예기치 않게 비를 맞는 일이 많아졌다.

비는 미리 알기만 하면 간단하게 막을 수 있는 리스크다. 하지만 미처 알지 못하고 외출을 하면 온종일 날씨에 신경이 쓰이고 금전적, 정신적 손해가 발생한다. 이를 테면 이미 집에 우산이 많은데도 또 사야 하거나, 우산을 살 수조차 없어 비를 맞아야 하는 상황이 되면 기분마저 최악이 되는 것처럼 말이다. 결국 몇 번 쫄딱 젖어 집에 들어온 나는 날씨 확인을 잊지 않기 위해 '날씨 확인하기'라고 포스트잇에 적어 현관문에 붙여 놓았다.

과거에 부모님이 그랬듯 누군가가 내게 매번 우산을 챙겨 주면 좋겠지만 성인이 되면 그럴 수 없다. 진정한 어른이 되려면 타인이 나를 위해 해 주던 것을 자기 혼자 할 수 있도록 습관을 들여야 한다.

경제 일기를 쓰는 것도 날씨를 확인하는 일과 비슷하다. 어릴 때는 경제, 시사 뉴스를 알지 못해도 사는 데 문제가 딱히 없었다. 나 대신 복잡한 문제들을 알아서 신경쓰고 해결해 주는 어른들이 있었기 때문이다. 그러나 나는 이제 성인이다. 나 혼자서도 그런 부분들을 챙길 수 있도록 자라야 한다. 현관문에 포스트잇 하나라도 붙여놓는 것처럼 말이다. 조금 서툴고 익숙지 않더라도 자기만의 방식으로 세상의 흐름을 따라잡는 연습이 우리 모두에게는 필요하다.

재테크 루틴의 기적

경제 일기는 크게 복잡하거나, 어렵지 않다. 그러나 경제의 전체 흐름을 파악하는 데 핵심적 역할을 한다. 물론 이것 하나만으로 엄청난 돈을 벌 기회를 찾아내기는 어렵다. 하지만 적어도 지금의 상황이 큰 그림에서 어떠한지 알려 주고, 예정된 소나기나 우박을 피하게 해 준다.

우리는 각각의 날씨에 어떤 옷차림과 도구가 필요한지 경험으로 체득한다. 이 정도 기온에는 어떤 외투를 걸쳐야 하는지 알고, 입춘이 지나도 꽃샘추위를 대비해 패딩을 쉽게 넣지 않는다. 이것은 책으로 배워서 알 수 있는 것이 아니다. 그저 오랜 시간 동안 내 몸이 경험해 오며 자연스레 알게 되었을 뿐이다.

경제도 마찬가지다. 경제 일기는 매일 어떤 사건이 일어났는지, 그에 따라 세계 시장이 어떻게 대응하고 움직이는지 등등 경제 날씨를 관찰하는 습관이다. 외출 전 일기 예보를 확인하듯, 하루 업무를 시작하기 전 경제 일기로 그날의 경제 날씨를 체크하자. 이 하루하루의 경험치가 쌓여 나갈수록 우리는 다음 추위에 어떤 외투를 걸치면 좋을지 자연스레 알게 될 것이다.

매일의 성공을 위하여

5분 안에 끝내는 팁

재테크 일간 루틴은 매일 실천해야 한다. 그 때문에 가장 가벼운 루틴이어야 한다. 그래서 나는 이 루틴을 구상할 때 실행하는 데 5분이 넘지 않을 것, 모바일로 실행이 가능할 것을 염두에 두었다. 하루 5분, 이동 시간만 투자해도 그날의 가장 중요한 이슈들을 정리하고 넘어갈 수 있도록 말이다.

경제 일기를 루틴화하는 데 도움이 되는 애플리케이션 세 가지를 소개한다.

첫 번째는, '마이 루틴'이다.

이 애플리케이션을 활용하면 자기가 실천하는 다양한 루틴을 빼놓지 않고 실천하도록 메모할 수 있고, 체크도 가능하다. 나는 평일에는 매일 경제 일기 쓰기, 일요일에는 경제 독서 하기를 루틴으로 설정해 두었다. 한 번 이렇게 설정해 두면 정해진 날짜에 체크 리스트가 생긴다. 특히, 일간 루틴은 월요일부터 금요일까지 매일 실천해야 하므로 매번 일일이 적어 두고 체크하기 번거롭다. 하지만 마이 루틴을 활용하면 매일 투 두 리스트가 자동으로 나오니 빼놓지 않고 실천하기 좋다.

두 번째는 구글의 '스프레드 시트'다. 경제 일기는 이동 중에 쓰는 일이 많기에 따로 노트나 컴퓨터가 필요한 세팅보다는 언제든 모바일로 작성할 수 있는 시스템이 적절하다. 구글 스프레드 시트는 구글에서 제공하는 오피스 서비스다. 마이크로소프트의 엑셀 프로그램과 비슷하다. 다만, 구글의 스프레드 시트는 온라인에 올라가 있으므로 언제 어디서든 모바일과 컴퓨터를 가리지 않고 사용할 수 있다는 장점이 있다. 구글 스프레드 시트

애플리케이션을 받아 휴대전화 메인 화면에 저장해 두면, 손쉽게 그날의 경제 일기를 기록할 수 있다. 아기자기한 느낌은 없지만, 스프레드 시트에 경제 일기를 작성하면 행이 하나씩 늘어날 때마다 성취감을 느끼기 좋다.

세 번째는 '네이버 증권 바로 가기' 애플리케이션이다. 뉴욕 마감 기사는 네이버 증권 페이지에 가면 얼마든지 볼 수 있지만, 매일 들어가는 만큼 한 번에 클릭하고 싶어 '네이버 증권 바로 가기'를 이용하고 있다. 이 애플리케이션 하나로 뉴욕 마감 기사 읽기, 코스피부터 유가까지 시세 확인이 가능하다. 나는 스프레드 시트와 네이버 증권 애플리케이션을 번갈아 띄우며 경제 일기를 작성하는 편이다.

마지막으로, 조금 여유가 있는 날엔 뉴스레터를 읽어 보길 권한다. 경제 일기를 쓰고 나서 조금 허전할 때가 있다. 뉴욕 마감 기사는 말 그대로 뉴욕 증시에서 생긴 일을 중점적으로 다루기에 디테일한 내용보다는 큼직큼직한 사건들만 조명한다. 그래서 시간과 마음의 여유가 있는 날에는 한발 더 나아가 좀 더 자세한 경제 소식을 알고 싶다는 생각이 든다. 그럴 때를 대비해 평소 자기 취향에 맞는 경제 뉴스레터들을 구독해 놓고, 추가로 읽는 것이 좋다.

뉴스레터는 이메일로 구독을 신청하면, 정해진 날짜에 뉴스가 배달된다. 대부분의 뉴스레터들이 재밌고 익숙한 단어로 뉴스를 설명해 주고 있다.

뒷장의 표는 내가 구독하는 뉴스레터 리스트다. 자기에게 맞는 뉴스레터를 구독해 꾸준히 보면 경제 상식을 키우는 데 도움이 될 것이다. 요즘에는 암호 화폐, NFT, 미국 주식 등 분야별로 뉴스레터를 발행하는 곳도 많으니 '관심 분야+뉴스레터'로 검색해 보면 내게 맞는 뉴스레터를 찾을 수 있다.

뉴스레터 추천 리스트

어피티 UPPITY

MZ 세대를 위한 경제생활 미디어.
다양한 분야의 경제 뉴스를 종합적으로 다루어 편리하다.

독자들이 자신의 소비 내용과 자산 현황을 공개하고
재테크 궁금증을 상담하는 머니 로그가 특징이다.

부딩 BOODING

아무것도 하지 않는 게 가장 큰 리스크!
부딩은 밀레니얼 세대를 위한 부동산 뉴스레터를 표방한다.

집은 사는(Buy) 것임과 동시에 사는(Live) 곳이기도 하다.
한 톨 부동산 만화, 일상 속 멋진 주거 사진 등을 함께 소개해 재미있다.

캐릿 Careet

트렌드를 읽는 가장 빠른 방법으로, 트렌드 레터를 보내 준다.
유행을 파악하는 게 어려운 이에게 단비 같은 소식지.

직접 MZ 세대를 인터뷰하여 생생하며, 이 트렌드를
어떻게 마케팅에 활용하면 좋을지도 짚어 준다.

뉴닉 NEWNEEK

경제와 시사는 따로 떨어뜨려 생각할 수 없다.
뉴닉은 시사 종합 뉴스를 쉽게 설명해 준다.

뉴스레터계의 인싸로,
귀여운 고슴도치 캐릭터 고슴이가 특징이다.

재테크 일간 루틴
따라 하기

마지막 실습으로 경제 일기 쓰기에 도전해 보자. 단순한 루틴이지만 빈칸을 채우려면 경제 기사를 읽고, 여러 가지 경제 지표를 찾아봐야 하니 진입 장벽이 높게 느껴질 수도 있다. 그 때문에 이 부분은 대충 이해하는 걸로 넘기고 싶은 독자도 있을 것이다. 하지만, 이미 나와 있는 정보를 정리하는 것뿐이니 시작하기도 전에 어렵다고 단정 짓지 말자. 시작이 반이다. '다음에 제대로 해야지'라며 이 페이지를 넘기는 순간 다시 돌아오기는 쉽지 않다.

날짜와 요일	뉴욕 마감 기사 요약	
6월 13일 월요일	인플레이션으로 생긴 경각심으로 주가 하락. 소비 심리 지수도 사상 최저. 80년대 불황 시기의 저점과 비슷.	
6월 14일 화요일	자이언트 스텝 우려에 증시 폭락. 변동성 지수 VIX 증폭. 비트코인도 15% 이상 급락.	
6월 15일 수요일	국채 수익률 3.45로 뛰어. 다행히 5월 생산자 물가 지수 PPI는 내림세. 경기 침체 속 물가가 오르는 스태그플레이션 우려.	
6월 16일 목요일	미 연준 0.75 금리 인상 결정. 7월에도 0.75 인상 가능성 예고. 24년도 물가 상승 2%를 목표로 연착륙 가능하다고 파월 주장.	
6월 17일 금요일	다우 3만 선 붕괴. 월마트나 P&G 등은 상승. 약세장은 고점 대비 38% 밑이므로 아직 갈 길이 멀다.	

코스피 지수	다우 지수	환율	유가 지수	미국 기준 금리	한국 기준 금리
2,595	31,392	1,280	120	1	1.75
2,504	30,516	1,288	120	1	1.75
2,492	30,364	1,289	118	1	1.75
2,447	30,668	1,291	115	1.75	1.75
2,451	29,927	1,293	117	1.75	1.75

날짜와 요일	뉴욕 마감 기사 요약	

재테크 루틴의 기적

	코스피 지수	다우 지수	환율	유가 지수	미국 기준 금리	한국 기준 금리

• 7장 •

경제적 자유에
한 걸음 가까이

돈이 너무 버거울 때
집착하거나, 갖다 버리거나

처음 상담을 맡았을 때 건영 씨의 경제 상황은 여러 가지 대출이 혼재해 복잡한 상황이었다. 건영 씨는 특수 계열로 진학하여 다른 학과들보다 학자금이 월등히 비쌌다. 그래서 오천만 원이 넘는 학자금 대출을 짊어져야 했다. 공부만 마치면 취업 걱정이 없고, 좋아하는 일도 맞으니 잘못된 선택은 아니었다. 하지만 아무리 옳은 선택이었어도 사회생활을 시작하기도 전에 몇천만 원이 넘는 대출을 짊어지기는 부담스러웠다. 그래서 건영 씨는

'이렇게 된 이상 돈 문제는 뒤로 미뤄 두자!'라고 생각했다. 지금 있는 부채에 몇천 정도 더 얹혀도 별 차이가 없겠다는 생각이 들어서였다. 그 이후로 건영 씨는 돈 문제를 잊어버렸다. 하고 싶은 것을 하고, 사고 싶은 것을 샀다. 그러자 학자금 대출과 별개로 개인 대출들이 추가되었다.

세계 경제가 상승과 하락을 반복하듯 가계 경제도 상승장과 하락장이 존재한다. 상승장에는 직업이 생기고, 성과금을 받으며, 통장에 돈이 차곡차곡 쌓인다. 풍요로운 잔액만큼 마음의 여유도 생겨 전에는 한참을 고민했던 물건들도 선뜻 구매한다. 가족과 주위 사람들이 힘들 때 도울 수 있게 되고, 그럴 때마다 '그래, 잘 살고 있어'라고 여기며 삶에 자부심마저 느낀다. 매일매일 열심히 살아가고 있기에, 이러한 결과는 당연하다. 지금의 성과는 내가 마땅히 받아야 할 보상이며, 앞으로도 눈앞에는 꽃길만 쭉쭉 펼쳐지리라 기대한다.

하지만 가을과 겨울을 피할 수 없듯 상승장만 지속되기란 불가능하다. 조금씩, 누구도 눈치채지 못할 정도로 상황이 틀어지다가 점차 일이 잘못되는 게 눈에 보인다. 잘되기만 하던 사업에 문제가 생기고, 예상치 못하게 직장에서 해고된다. 물질적 상황은 비슷하지만, 기준이 높아져 이 정도로는 충분치 않다는 느낌이 들기도 한다. 결국 가계 경제의 상승과 하락은 살아가면서 끊임없이 마주할 수밖에 없는 숙명적 존재다.

문제는 다른 사람이 상승과 하락을 겪는 모습은 너무도 자연스러워 보이는데 내가 그것과 마주했을 때는 그 변화를 순순히 받아들이기 어렵다는 데 있다. 상승장에서 경험한 풍족함은 너무나 쉽게 익숙해지고, 하락장에서 겪는 결핍감에는 좀처럼 익숙해지지 않는다. 남들보다 뛰어나고 화려하며 인정받는 나는 받아들이기 쉽지만, 부족하고 초라하며 무시당하는 나는 견딜 수 없듯 말이다. 그리고 경제적 어려움만큼 나 자신의 초라함과 약함을 직접적으로 느끼게 하는 문제는 없다.

경제 상담을 통해 다양한 사람을 만나며 나는 누구나 자신의 하락장에서는 자신을 보호하기 위해 응급 조치를 취한다는 사실을 발견했다. 고통에서 달아나기 위해 쓰는 방법은 크게 두 가지다. 가장 흔한 예는 돈에 집착하는 것이다.

현재 하락장과 마주한 나는 진짜 내가 아니라고 주문을 건다. 결핍을 느끼지 않으려고 더 벌고, 모으는 데 과하게 몰입하고, 그 과정에서 힘들어하는 나는 신경 쓰지 않는다. 앞으로 다가올 상승장만을 바라보며, 하락장에 있는 나와 타인은 비난한다. 결국 상승장에 도달하더라도 안심하지 못하고, 다시 하락장으로 떨어질까 발을 동동 구르게 된다.

하락장의 고통에서 도망치는 또 다른 방법은 돈을 무시하는 것이다. 돈 따위는 중요하지 않다. 따라서 돈이 없는 것도 큰 문제가 아니다. 부채가 얼마인지, 지출이 얼마인지 알고 싶지 않으며, 돈이 없다고 궁상스럽게 사는 것은 상상할 수도 없다. 그렇게 돈을 외면하는 사이 상황은 점점 더 악화하고, 감각은 무뎌진다. 예전에는 크게 느껴졌던 지출이나 부채도 아무렇지 않게 느껴진다. 이 상황에서는 두려움도 그다지 느껴지지 않는다. 나보다는 남이 내 문제를 더 크게 걱정한다.

나 역시 예외는 아니다. 한 명의 개인에게 할당된 상승과 하락을 겪으며 돈에 집착하기도 하고, 도망치기도 한다. 부자가 되겠다며 일부터 백까지 상황을 통제하기도 하고, 돈 따위 중요하지 않다며 눈을 질끈 감아 버리기도 하면서 말이다. 하지만 그렇게 집착하거나 도망친다고 문제가 해결되지는 않았다. 내게 주어진 상황과 용감히 마주해야 비로소 다음 단계로 순조롭게 넘어갈 수 있었다.

역 앞 노숙인이든, 한 회사의 CEO이든 모든 개인은 상승과 하락을 번갈아 겪으며 살아간다. 당장에 10억 원만 생기면 딱 좋겠다 싶으면서도, 막상 10억 원이 생기면 10억 원으론 서울에 집 한 채 사기도 어렵다는 생각이 들듯 말이다.

하락장의 고통은 있어서는 안 되는, 인생에서 박멸해야 하는 감정이 아니다. 그때그때 현명하게 겪으며 소화해 내야 하는 감정이다.

누구나 삶이 피곤할 때면 이 고통을 한 큐에 해결해 줄 부를 꿈꾼다. 그리고 한 번 부자가 되면 가난해질 일은

경제적 자유를 얻은 이는
인생의 하락장을 없애 버린 사람이 아니라,
순간순간 찾아오는 상승장과 하락장을
잘 헤쳐 나가는 사람이 아닐까?

없다고, 벌고 모으기가 문제지 부를 유지하는 일은 별일 아니라고 간과한다. 하지만 우리는 크고 작은 기업과 개인들의 성과가 일시에 무너지는 모습을 숱하게 목격해 왔다. 결국, 경제적 자유를 얻은 이는 인생의 하락장을 없애 버린 사람이 아니라, 순간순간 찾아오는 상승장과 하락장을 잘 헤쳐 나가는 사람이 아닐까? 하락장에서 겸손을 배우고, 상승장에서 만족을 연습하다 보면 돈에서 자유를 얻은 나를 발견하게 될 것이다.

더 많이 꿈꾸고 더 많이 행복하자

가질 자격 되찾기

예전부터 나는 백화점에 가는 게 재미없었다. 딱히 마음에 드는 물건이 보이지도 않았고, 조금 마음에 드는 물건이 보여도 금세 내려놓기 일쑤였다. 관심을 보이는 나를 눈치채고 점원이 다가오면 꼭 그것을 사야 할 듯해 무서웠다. 그래서 오랫동안 나는 쇼핑을 좋아하지 않는다고 생각했다. '쇼핑하는 건 귀찮고 피곤해', '내가 패션, 뷰티에 관심 있는 스타일은 아니지'라는 결론을 지으며 말이다.

사실 백화점이 재미없던 이유는 '마음에 드는 게 없어서'가 아니었다. '무언가 마음에 들까 봐' 두려웠을 뿐이다. 마음에 드는 물건이 있어도 모든 것을 척척 구매할 재력은 없다. 그렇다면 마음에 드는지 아닌지 살펴봐서 무슨 소용일까? 쇼핑이 재미없던 건 '나는 어차피 못 사'라는 마음이 깔려 있기 때문이었다. 그 사실을 뒤늦게 깨달은 나는 나 자신도 알지 못했던 어두운 마음에 소스라치게 놀라고 말았다.

'나는 어차피 못 사'는 정말 무서운 말이다. 얼마든지 부정적으로 응용할 수 있기 때문이다. 나 또한 그랬다. '나는 어차피 못 사'는 '어차피 못 가져', '어차피 안 돼'라는 문구로 무수히 변형되어 수시로 나를 주저앉혔다. 그리고 그 부정적 생각은 될 것 같은 꿈만 꾸고, 가질 수 있는 것에만 노력하는 삶을 살게 했다.

이루지 못할까 봐 꿈꾸지 않고 넘보지 않자 실망하는 일은 눈에 띄게 줄어들었다. 하지만 가슴 떨리게 설레는 일도 주어지지 않았다. 그럴수록 '이건 정말 좋은 삶일까?' 하는 회의감만 늘어 갔다.

『돈독한 트레이닝』의 저자 김얀은 오랫동안 돈에 무관심했다고 한다. 경제적으로 불안정했던 어린 날의 경험, 미디어가 비추는 가난한 선과 악한 부의 이미지를 보며 돈을 멀리하게 된 것이다. 돈은 그에게 즐거운 경험을 준 적이 없었고, 그 역시 돈을 좋아하지 않기로 마음먹었다. 하지만 우연한 기회로 돈에 관심을 두게 되자 얀씨는 돈을 알려 주는 선생님, 친구들과 어울리게 되었다. 그들에게 '돈은 좋은 것'이었다. 돈은 즐거운 경험과 시간, 무엇보다도 자유와 선택권을 선물해 주었다. 그는 '돈이 좋다'라고 당당히 이야기하면서부터, 잡힐 듯 잡히지 않던 돈과 함께하는 레이스에서 성공적으로 달릴 수 있었다.

나 역시 돈은 좋은 것을 가져오는 즐거움이기보단 근심 걱정을 가져오는 괴로움이었다. 돈이 나를 따르지 않았기에, 나도 돈을 따르지 않았고 악순환은 점점 더 심해졌다. 꿈꾸지 않고, 욕심내지 않는 태도는 많은 사건 사고에서 나를 안전하게 지켜 주었지만, 안전함만이 인생의 가치는 아니었다.

재테크에 관심을 두고, 경제적 자유를 꿈꾸는 일은 그래서 무섭지만 즐겁게 떨리는 일이다. 더 많은 것을 꿈꾸고 기대해도 좋다고 나 자신에게 허락을 내리는 일이기 때문이다.

좀처럼 더 나은 내일을, 미래를 기대하지 않게 된 현실주의자들에게 해 보지도 않고 포기하는 것은 익숙한 습관이다. 하지만 이번만큼은 지난 경험 때문에 위축되었던 어깨를 펴고, 부정적인 목소리에 반격해 보면 어떨까? 실망하는 일이 있을지라도 더 많이 꿈꾸고 더 많이 행복해지자고. 그래도 괜찮을 거라고 말이다.

재테크 루틴은
경제적 에어백

잘못이 없어도 사고는 난다

우리나라 국민만큼 언어유희에 능한 사람들이 있을까? '금수저, 은수저, 흙수저', '벼락 거지' 등의 표현을 보면 그런 생각이 든다. 이러한 표현은 다소 거칠지만, 우리가 처한 현실을 적나라하게 보여 준다. '한'의 민족으로 여러 가지 고난을 헤쳐 나가며 우리는 자신에게 닥친 고난을 해학으로 풀어내는 기술을 획득했나 보다.

그중에서도 폐부를 찌르는 것은 자신이 태어난 경제적 계층에 따라 삶이 달라진다는 '수저론'이다. 실제로 상담을 진행하면서도 느꼈다. 내담자의 경제적 배경에 따라, 어떤 사람들은 현재 상황을 쉽게 넘기지만, 또 어떤 사람들은 회복하는 데 매우 오랜 시간이 걸린다. 나 역시 어린 나이에 프리랜서에 도전하고, 큰 탈 없이 지낼 수 있었던 이유는 그만큼 부모님이 크고 작게 나를 받쳐 주셨기 때문이다.

과정보다는 결과가 중요한 시대에 금수저는 어떤 의미를 지니고 있을까?

먼저, 금수저는 동경의 대상이다. 이전에 한 인플루언서가 명품 카피 제품을 사용해 논란이 된 적이 있었다. 그가 지나칠 정도로 비난의 대상이 된 이유는 단순히 명품의 상표권을 존중하지 않았기 때문은 아니다. 그의 팬들은 '부유함을 타고난' 그의 이미지를 사랑했다. 그래서 그 이미지가 사실이 아님을 알았을 때 더 큰 배신감을 느낀 것이다.

동시에 금수저는 질투와 분노의 대상이다. 정·재계의 부정·비리에 그토록 분노하는 이유는 그들이 가진 '백(배경)'이 얼마나 강력한지 알고 있기 때문일 것이다.

아침 드라마를 보면 항상 고래고래 소리를 지르는 재벌 2세가 출연한다. 그는 곤경에 처하면 소리부터 지른다.

"내가 누군지 알아? 지금 당신들 실수하는 거야! 전화 한 통만 하면 당신들은 큰일 났어!"라고 말이다.

어쩌면 백이 있다는 건 실수할 수도, 실패할 수도 있다는 것, 그러고 나서도 당당할 수 있다는 걸지도 모른다.

현실에서 실수하고도 큰소리를 낼 수 있는 사람이 얼마나 될까? 보통 사람들은 실수나 실패를 하면 큰소리를 치기는커녕 모욕을 당하며, 때로는 재기할 기회를 완전히 잃는다. 하지만 백의 유무와 관계없이 누구나 살다 보면 실수를 한다. 사회적 안전망이 튼튼하지 않은 사회에서 개인을 위한 최소한의 안전망은 그가 속한 가정일 수밖에 없다. 내가 속한 가정이 '백'이 된다면 다행이지만, 그런 백이 없다면 서러울 수밖에 없다.

앞서 소개한 재테크 루틴들은 당장 우리를 부자로 만들어 주지 못한다.

'연간 재무 목표를 세워서 무슨 소용이야?'

'매월 지출을 체크한다고 해서 내 소득이 변하는 것도

아니잖아.'

'경제 책 좀 읽는다고 뭐가 달라져?'

'기사를 아무리 열심히 읽어도 타고난 사람은 이길 수 없어!'

온갖 회의에 찬 목소리가 터져 나온다. 그리고 그 목소리들은 옳다.

사실 우리가 정말 원하는 것은 백 있는 자의 '전화 한 통'처럼 당장 나를 고난에서 구해 줄 해결책이다. 애석하게도 나는 그런 방법을 모른다. 하지만 앞서 제시한 재테크 루틴들로 나와 바깥의 경제 상황을 파악하고, 더 나은 선택을 내리다 보면 '백'은 아니라도 '경제적 에어백'은 가질 수 있지 않을까?

도로를 달리다 보면 사고는 빈번하게 일어난다. 꼭 내가 무엇을 크게 잘못해서 생기는 게 아니다. 단순히 날씨가 안 좋아서 사고가 나기도 하고, 상대방이 잘못했는데 피해는 나만 입기도 한다.

경제도 마찬가지다. 어려운 시기는 누구에게나 닥쳐온다. 그럴 때는 그 시기를 빠르게 인지하고 해결 방법을 찾는 것이 중요하다.

'억울하니 마니'를 외쳐도 소용없다. 사고가 난 시점에서 중요한 일은 더는 다치지 않는 것이다. 그리고 빠르게 사고 처리를 하고 다시 나아가야 한다. 일단 에어백으로 부상의 규모를 줄인다면 이후의 사고 처리는 천천히 해나갈 수 있다. 이 책에서 소개한 네 가지 루틴이 '경제'라는 도로 위를 달리는 당신을 지켜 줄 최소한의 에어백이 되기를 간절히 기원한다.

'언젠가'는 믿지 않아
스위치보다 퍼센트

게임 '캐시플로우'에서는 경제적 자유를 얻는 사람이 게임의 승자가 된다. 그리고 경제적 자유를 얻는 시점은 한 달 동안의 '자산 소득'이 한 달 '생활비'를 뛰어넘는 때다. 그때가 되어야 노동은 선택이 되고, 무언가를 할 때 돈이 선택의 이유가 아니기 때문이다. 이 게임에서 1분은 1년인데 60분이라는 시간 안에, 즉 60세가 되기 전에 경제적 자유를 이루는 것이 플레이어의 목표다.

생각보다 목표에 성공하기가 쉽지 않기에, 처음 경제

적 자유 얻기에 성공하자 나는 뛸 듯이 기뻤다. 때는 게임이 끝나기 전까지 2분이 남은 시점이었다. 마치 현실에서 백만장자라도 된 듯 즐거워하다가 문득 씁쓸함이 몰려왔다. 성공해서 좋기는 했지만, 게임에서 내 나이는 이미 60세에 가까웠기 때문이다.

물론 60세라도 현실에서 경제적 자유를 이루는 것은 대단한 일이다. 그러나 인생의 절반이 훅 지나 버린 듯한 느낌을 지울 수가 없었다. 후반부의 자유로움을 위해 인생 전반부는 모두 희생해야 하나? 가볍게 시작했던 게임은 내게 그런 질문을 남겨 주었다.

그래서 나는 설사 자산 소득이 생활비를 넘는 시점이 늦춰지더라도, 지금 이 순간 내가 원하는 삶에 어느 정도 가까워지고 있는지 종종 확인하는 일을 놓치지 않고 해야겠다고 생각했다. 100억, 1,000억 원이 주어진다면 나는 어떤 일상을 살게 될까? 지금의 일상은 그때의 일상과 얼마나 비슷하고 또 얼마나 다를까? 지금 그 일상을 가져올 방법은 없을까?

경제적 자유를 이루고 나서야 원하는 것들을 선택하

기에는 인생이 너무 짧다. 가능한 한 부지런히, 내가 그 순간 원하는 것들을 현재에 비슷하게 흉내 내야 한다. 그래서 내게 경제적 자유란 'Yes or No'가 분명한 스위치보다는 얼마나 채워졌는가에 가까운 퍼센트다. 100억 원이 주어진다면 살고 싶은 일상과 지금의 일상이 얼마나 비슷한지 퍼센트로 생각해 보고, 점점 그 퍼센트를 채워 가기로 했기 때문이다.

그러자 매번 다가오는 결정의 시간에 어떤 결정을 내려야 하는지 분명해졌다. 어떤 일들은 조금 힘들더라도, 고생스럽더라도 돈을 위해서 했다. 또 어떤 일들은 아무리 이득이 되더라도 하지 않기로 했다. 이익을 포기해야 할 때는 아쉬웠지만, 그만큼 마음속에는 충만함의 퍼센트가 올랐다. 그리고 그와 같은 결정을 내린 내가 싫지 않았다.

부자가 되려면 눈에 보이는 자산을 키우는 것만큼 나라는 사람의 가치를 이해하고 높이는 데에도 민감해야 한다. 결국 자기가 가진 것의 가치를 알고, 이를 활용할 줄 아는 사람이 부를 늘릴 수 있기 때문이다. 나라는 사람, 내가 가진 물질적, 비물질적 재산과 능력을 이해하고 소중히 여길 때 타인도 그에 감응하여 움직인다. 돈을 벌기 위해 나 자신을 헐값으로 치부하고 존중하지 않으면 타인도 나에게 그만큼만 내려 할 것이다.

어릴 적 읽었던 디즈니 공주 동화의 결말은 항상 같았다. 공주님은 왕자님과 결혼하고 '그들은 영원히 행복했답니다'라는 문구로 끝난다. 매우 아름다운 결말이지만, 나는 더 이상 그런 결말을 믿지 않는다. 고생고생하다가 부자가 되어 '짠' 하고 아름다운 세상에 입장하는 신화는 필요 없다. 조금 더 돌아가더라도 가는 과정 또한 행복한 길을 가고 싶다. 그래야 부자가 된 후에도 그 부를 잘 누릴 수 있으리라 믿기 때문이다.

재테크 루틴의 기적

이 책에서 소개한 네 가지 루틴이
'경제'라는 도로 위를 달리는
당신을 지켜 줄 최소한의 에어백이
되기를 간절히 기원한다.

변하는 세상에서
변하지 않는 한 가지

"다시 처음으로 돌아가게 되면 ○○ 씨는 무엇부터 시작하실 건가요?"

유튜브에서 부자가 된 이들의 인터뷰를 보면 이런 질문이 종종 등장한다.

그러면 인터뷰이들은 항상 흔들리지 않는 자세로 '이것부터, 저것부터 시작할 것이며 다시 성공할 수 있다'라는 식으로 대답한다. 그 인터뷰를 보면서 가장 부러운 점은 그들의 자산이 아니다. '무엇을 해야 할지 안다'라는 그들의 확신과 자신감이다.

유튜브 채널 「MKTV」의 김미경 강사는 '결혼을 잘하는 법'이라는 주제에서 결국 중요한 건 '변수'인 상대방이 아니라, '상수'인 나라고 이야기한다. 상대는 시간이 지날수록 어떻게 변할지 알 수 없다. 그래서 중요한 것은 상대의 역동에 적절히 대응할 수 있는 '나'가 되는 것이라고 말이다.

이는 돈이라는 영역에서도 마찬가지다. 내게 주어진 경제적 상황은 계속 변화한다. 그러나 그것을 대하는 '나'는 변하지 않는 상수다. 그러니 상수인 '나'를 더 믿을 수 있도록 갈고 닦는 게 더 뛰어난 재테크 전략이 아닐까?

아니 어쩌면, 우리는 '믿을 만한 나'를 만드는 게 가장 좋은 선택임을 아는지도 모른다. 다만 그게 가장 어려운 일이기에 다른 묘수를 찾는 것일 수도 있다. 잘 산다는 게 무엇인지, 어떻게 해야 남은 날을 후회 없이 보낼 수 있는지 모르기에 돈에 의지하고 싶어진다. 그런데 어떻게 행동해야 할지, 어떻게 살아야 할지 알아야 돈도 따라

오는 아이러니라니!

사실, 어느 상황에서도 흔들리지 않는 자기 확신은 자신감이라기보단 나르시시즘이다. 가끔 주변에 '이것만 믿으라', '나만 믿으면 된다'라고 하며 다가오는 사람이 있다. 사실, 그런 사람이야말로 제일 위험하다.

어떤 상황에서도 통하는 만병통치약이란 없음을 우리는 인정해야 한다. 그래야 최선의 결정을 내리도록 도와주는 시스템에 집중하게 된다.

모든 것이 변하는 세상에서 변하지 않는 것은 '나'뿐이라는 진실. 그것은 즐거운 희소식일까? 아니면 믿고 싶지 않은 비보일까?

나는 이 책에서 만병통치약이 아닌 시스템을 제시하고 싶었다. 시스템은 화려하진 않지만 좋을 때나 나쁠 때나 기댈 수 있는 의지처이니 말이다.

앞에서 제시한 루틴들을 참고 삼아 나만의 루틴을 만들어 보기를 진심으로 권한다. 작은 것도 포기하지 않고, 꾸준히 해내는 자신을 보면 없던 믿음도 자라나기 마련이다.

재테크 루틴을 통해 당신이 그러한 자신감을 키울 수 있다면, 그것이 돈보다 더 값진 수확이 되리라 나는 확신한다.

재테크
루틴의 기적

초판 1쇄 인쇄 | 2022년 12월 5일
초판 1쇄 발행 | 2022년 12월 15일

지은이 | 미스페니

발행인 | 김태웅
편집주간 | 박지호
책임편집 | 양정화
마케팅 총괄 | 나재승
제 작 | 현대순

발행처 | (주)동양북스
등 록 | 제2014-000055호
주 소 | 서울시 마포구 동교로22길 14 (04030)
구입 문의 | 전화 (02)337-1737 팩스 (02)334-6624
내용 문의 | 전화 (02)337-1763 이메일 dybooks2@gmail.com

ISBN 979-11-5768-840-1 03320